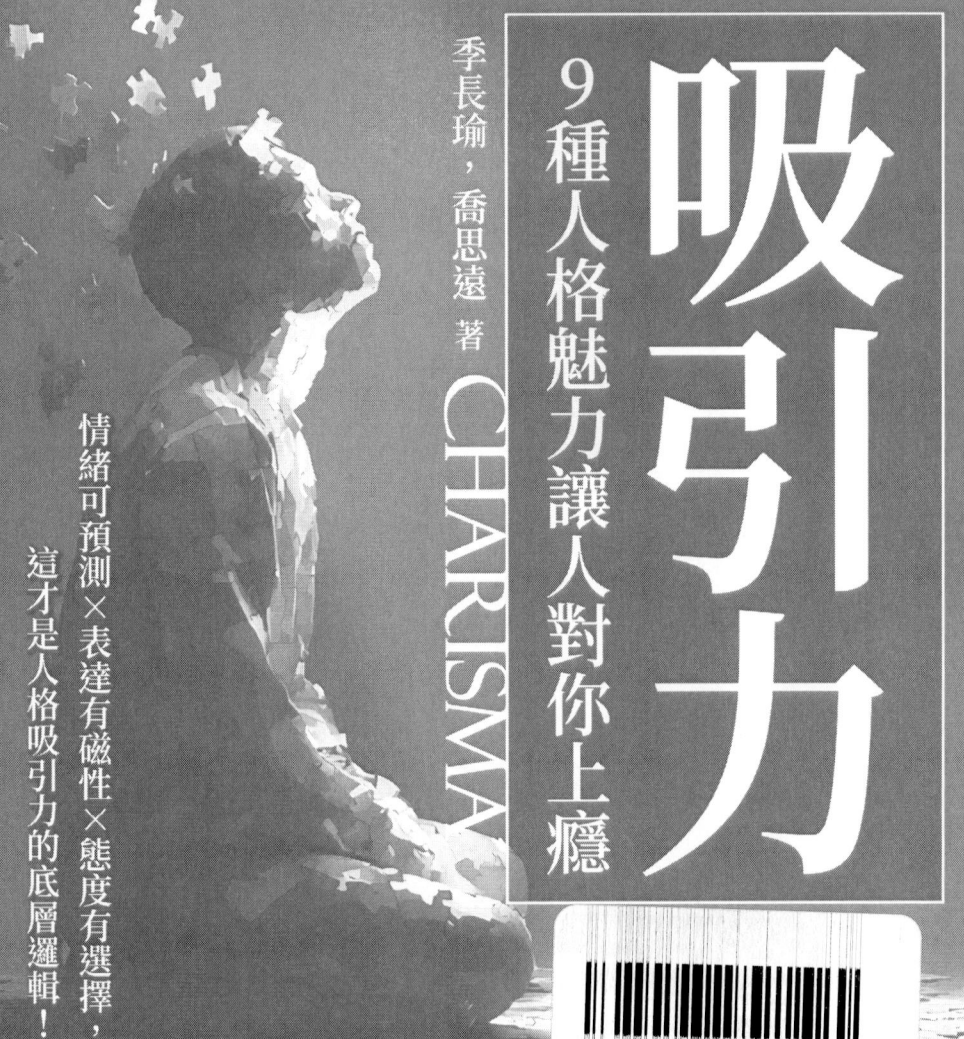

吸引力

9種人格魅力讓人對你上癮

CHARISMA

季長瑜，喬思遠 著

情緒可預測×表達有磁性×態度有選擇，
這才是人格吸引力的底層邏輯！

【那些你說得很習慣的話，正在拉低你的人格價值】

◎你說的是關心，聽起來卻像命令？
◎做事努力，卻無法得到他人的尊敬？
◎你以為的圓融，別人眼裡其實是軟弱？

人格魅力，決定是否能被信任、被記住、被跟隨

解析九種關鍵人格，打造真正能夠長久的吸引力！

目 錄

推薦序一 005

推薦序二 009

推薦序三 013

前言 017

第一章　有能：成就不凡的獨立競爭力 023

第二章　有信：建立忠誠守信的口碑力 043

第三章　有品：抵禦誘惑的品格定力 063

第四章　有責：勇於承擔考驗的責任感 077

目錄

第五章　有恆：堅韌不拔的信念持續力　　107

第六章　有愛：成就他人即成就自己　　137

第七章　有度：胸懷寬廣的格局氣度　　173

第八章　有趣：保有童真的生命活力　　199

第九章　有心：活出真我與自在人生　　223

寄語　匠心成就人格魅力　　237

後記　　239

推薦語　　243

推薦序一

在這個到處充斥著「焦慮」的世界,我們是否還需要用心去思考如何「成就自身人格魅力」這個話題?

答案是肯定的。

我們先一起來釐清兩個問題:第一個問題是,當我們談論一個人的魅力時,我們在談論什麼?第二個問題是,魅力這東西和困擾大多數人的焦慮情緒又有著怎樣的關係?

韓裔德國哲學家韓炳哲在他的系列叢書中,對當代人焦慮的形成有系統地推演。簡單來說,當全球進入數位經濟時代,去中心化和行動網路的高速發展,讓大多數人實現了藝術先驅安迪‧沃荷(Andy Warhol)的超前預言──「每個人都有機會成名15分鐘」。

然而,正是這個超前預言,隱藏著一個可能引發人人自危的問題,即我們每天都在主動或被動地看他人表演,我們每天都在有意或無意地陷入跟他人的比較中。

是的,大部分人的大部分焦慮正來自這種「比較」。不論是職場的焦慮、情場的焦慮、育兒的焦慮、容貌的焦慮,甚至是八卦知情權的焦慮,無不由「比較」而生。

推薦序一

在這些來勢洶洶無法逆轉的焦慮之中，所有人到後來只有兩種選擇：主動成為玩家或被動成為非玩家。

現在可以回答上面的問題了：

什麼是魅力？即成為玩家必備的虛擬貨幣。

魅力和焦慮的關係是怎樣的？魅力是從非玩家進階到玩家的必備特質。提升魅力才有可能為自己拓展玩家的場域，提升吸引力才能讓自己擁有「玩家值」。

確立了這一前提，我們再來看這本書的內容是否能為大部分讀者提供「玩家值」。

答案顯然也是肯定的。

判斷一部作品是否能夠提升個人能力，可以從以下幾個方面來衡量。

首先，作者寫作的焦點在他自己還是在讀者。

先說反例，很多把「智商稅」包裝成「成功學」的雞湯文都存在一個問題：你看了半天，對方都是「我我我」，乍一看感覺「好厲害」，看完之後還是過不好自己的人生。

張愛玲曾披露過一類人的寫作真相，大意是，有的人對自己的肚臍眼感興趣，也希望其他人都產生興趣。因此，在這樣一個每個人的時間都需要格外被珍惜的時代，防止被割韭菜的關鍵就是遠離焦點在自己的「肚臍眼文學」。

本書則是後者，作者的初衷和目的都很明確，這是一部

將焦點始終放在讀者成長上的作品。

其次，不論一個創作者初衷如何，只有理論沒有方法同樣會陷入從茫然到茫然的閉環。

在方法論這一領域，本書的作者作為培訓師有著天然優勢，即「系統」和「案例」。

方法是否有效來自且只來自以上這兩個重點。

方法通常要在一套完整且邏輯清楚的體系中才可能運用於實踐。另外，培訓師有多少「臨床經驗」也很重要。是的，在重塑或提升個人能力這個領域，培訓師就像醫生，要處理過足夠多的案例、累積足夠多的實戰經驗，才能給出真正行之有效的訓練。

還有一個容易被忽略的關鍵點，即作者的觀念。

作者的「觀念」是一部作品的精髓。本書的作者觀念很正確。尤其當網路上充斥著無良自媒體為引人注目故意製造焦慮、為吸引流量刻意製造對立的負面內容時，支持帶著端正初心和使命感潛心創作的作品，最終支持的就是每一位「我們自己」。

最後也是最重要的一點，即一本書的意義與價值，作者只能決定一半，另外一半則要由讀者決定。

想要把他人總結的「體悟智慧」變成對自己有效的「肌肉記憶」，需要的是認真思考和反覆實踐。

推薦序一

哪吒說「我命由我不由天」，這句話只說對了一半，應該是「我命由我，也由天」。

在這個看似紛繁複雜的世界，有一種始終沒有改變過的公平：你對自己多認真，命運就會回報你多認真；反過來也一樣，你若糊弄自己，命運也會糊弄你。

在這個宇宙中，任何事都不是平白無故發生的，如果你恰好看到這本書，那麼或許正是宇宙為你發出的某個訊號。

在提升自身吸引力、提高人格魅力的愉悅時刻，祝願你開卷有益。

電影導演

知名主持人

暢銷書作者

戲劇監製、編劇

電臺和電視臺節目策劃

秋微

推薦序二

各方並進,唯有奮勇者居先。

我們真正要改變與革新的是什麼?要保持開放的又是什麼?

說到底,一切改革首先是對人們觀念層面的革新,一切開放也都源於思想層面的開放,唯有如此,才能與時代緊緊接軌、與大勢緊密相連,從而避免因循守舊。上至國家民族,下至商販走卒,概莫如是。而身處這前所未有的歷史性大變革、大時代之中,機遇與挑戰時刻同在,希望與危機隨處並存,要麼你躺在舒適圈坐等別人來「革你的命」,要麼你主動去尋求自我革新,這就是當今時代為每一個有識者提供的兩個最重要的人生選項。

「沉舟側畔千帆過,病樹前頭萬木春。」

後疫情時代,網路自媒體背景下的多元價值觀與多元文化紛至沓來,一如春秋戰國時的百家爭鳴。然而,新時代帶給人們的思想並非都是精華,其中也不乏糟粕,有些甚至是披著精華外衣的變異糟粕。每一種不同但合理的觀念當然都值得尊重,但究竟哪一種觀念才適合自己?到底哪一種活法能成就自己?這就需要我們擦亮雙眼,做出正確的選擇了。

推薦序二

也因此,無論社會如何變化,人心如何複雜,欲望如何喧囂,競爭如何激烈,活到老學到老的成長觀都是每個人一生不變的修習課題,是謂「以不變應萬變」。

這個社會,要不要終身學習不是智者需要去思考的問題,他們需要用心思考的只是該學什麼、如何學,還有向誰去學。

事實上,每一個生活在我們身邊的優秀的人,無論他是你職場中的上級、老闆,生意場上的客戶、合作夥伴,還是你生活中的家人和朋友,只要你懷有一顆上下求索的成長心,則每個人都可以是你的老師,也包括巔峰時期的你自己。

有取就有捨,有學便有教。

談到學習,就離不開教育的話題,就像儒家所倡導的「傳道、授業、解惑」,這其實是每一個教育工作者的終身使命和崇高目標。

這一點,對於一路從商海奮戰到教育領域,並已鑽研數十年的我而言,可以說深有體會。

在人生的因緣際會之下,本書的作者喬思遠與我結緣。儘管大家平時都忙於各自的工作,但這本書分享的不少觀點我都深有同感,並表示欣賞。就像書中指出的:「去選擇自

己喜歡與擅長的工作，同時也能幫助他人，則人生的根本幸福，莫過於此。」

可以說，這9項修練不僅是成就一個人人格魅力與個人品牌的有效路徑，也可以成為今天許多心懷夢想卻又時常陷入困惑的年輕人的一次思想導航。

這也正是我欣然為本書作序推薦的原因所在，誠摯希望這本書能夠幫助更多有緣的讀者在人生大道上少走冤枉路、活出真我，一步一個腳印去成就最好的自己。

最後，我謹對本書正式出版表達由衷的祝賀。

美國諾瓦大學公共決策博士

美國哈佛大學企業管理博士後

英國牛津大學國際經濟博士後

被譽為「華人管理教育第一人」

著名企業管理顧問、教育家、經濟學教授、暢銷書作者

余世維

推薦序二

推薦序三

　　當我在寧靜的寺院中，翻開季長瑜和喬思遠合著的這本書，我的心靈立時被書中的深刻內容所觸動。

　　作為一名出家人，我習慣於在佛法的智慧中尋找生命的真諦，而這本書卻以另一種獨特的方式，打開了我對現代人格魅力修練的新視角。

　　在這個日新月異、競爭激烈的時代，人格魅力成為個人成功與否的關鍵。這本書正是針對這一需求的指導手冊。行深如海，從容於世，真正的人格魅力，並非僅僅來自外在的成就與名利，更多來自內心的平和與慈悲。書中的每一個章節，每一段文字，都在指引我們在繁華的世界中尋找內心的平靜與智慧。

　　在閱讀這本書的過程中，我感受到了作者對於人生真諦的探索和對於美好人性的讚頌。我們常說「眾生皆有佛性」，而這本書正是以其獨特的視角，為讀者展現了如何發掘內在的佛性，如何透過自我修練來提升個人魅力與內在力量，來激發自身的潛能，以成就有影響力、有魅力的人生。書中從能力提升到品格塑造，從責任擔當到利他主義，每一項修

推薦序三

練都與佛法中提倡的「自利利他」、「修菩提心」的理念不謀而合。

佛陀教導我們,一切皆從心開始,一切皆因心轉。真正的人格魅力,並非自我膨脹的結果,而是在自我實現的過程中能夠關照他人、有利他人,最終達到自利利他的境界。作者透過深入淺出的文字,引導我們了解到,人格的魅力不僅僅是外在表現,更是內在修為的自然流露。

書中對於堅持和毅力的強調,也與佛教中「精進」的概念相呼應。在佛教修行中,無論是坐禪、念誦,還是日常的行持,都需要堅定不移的毅力和持續的努力。在提升個人魅力的道路上,持之以恆的努力同樣不可或缺。堅韌不拔、心胸開闊以及幽默感,也是在人生修行的道路上不可或缺的特質。這些特質不僅能夠提升一個人的內在修養,更是在漫長的生命旅途中自我超越的重要動力。

在這本書中,我還看到了人生的多重面相。無論是職場上的挑戰,還是個人生活中的困惑,作者都以深入的洞察力和豐富的例項為讀者解析。在佛法中,我們將痛苦視為覺醒之路的一部分,每一個挫折,每一次失敗,都是個人成長和自我提升的機會。在逆境中保持堅韌與樂觀,是通往智慧與內心平靜的必經之路。

「一花一世界，一葉一如來。」這本書就像是一朵綻放的蓮花，每翻開一頁，都能讓我們看到一個不同的世界，領悟到一份新的智慧。它不僅僅是一本關於個人成長的書籍，更是一本關於生命、關於智慧、關於內在力量的書籍。

作為一名出家人，我深知修行之路無盡頭。這本書為在塵世中奮鬥的大眾提供了參考，更為我們內心的修行之路指引了方向。衷心祝願每一位讀者都能從中獲得智慧和啟迪，不斷提升自我，成就更加充實和有意義的人生。

願佛法的慈悲與智慧永遠伴隨著你們。

南無阿彌陀佛。

禪寺方丈、禪宗臨濟正脈第四十五世傳人

暢銷書作者、企業家心靈導師和禪修引領者

賢宗法師

推薦序三

前言

時勢造英雄,英雄亦造時勢。

判斷一個時代的好壞,最重要的參考標準無非兩點:一是國家是否繁榮富強,二是百姓能否安居樂業。

從這個意義上說,我輩所處之當今時代確係古今未有的大好盛世,向心力、自信心以及榮譽感都與日俱增,而這樣的盛世,是由一個個先烈、英雄所共同鑄就的,無論這些先烈和英雄是否有名,其精神永遠值得後人學習和弘揚。

遙想百餘年前,泱泱華夏還是山河支離破碎、百姓流離失所,幾有亡國滅種之危。

而今,人們衣食無憂,正在意氣風發地大步邁進——憶往追今,再思及俄烏衝突、以巴衝突等,能生長於和平時代,又怎能不令人慶幸、感激與自豪?

如此,我們便能安枕無憂了嗎?

答案顯然是否定的。

我們必須看到,相比於10年前、20年前,當前時代帶給我們的除了繁榮,還有令人擔憂的人性涼薄、人心浮躁等問題。在諸如「粉絲文化」、「點閱率至上」等糟粕價值觀的影

前言

響下，社會亂象頻發、醜聞不斷，這亦是不容迴避的事實與現實。

這種情況當然不符合人的根本利益，但我們又真實生活於這個世界！正所謂「近朱者赤，近墨者黑」。人在局中，要麼隨波逐流迷失自我，要麼堅守底線重塑價值，唯獨難以如隱者般將自己置身局外——無論你是否願意，這都是生活給每個人的兩種選擇。

一代人有一代人要成就的事業，一代人也有一代人要完成的使命。

人生不長，青春更短，一如莊子所言：「人生天地之間，若白駒之過隙，忽然而已。」

倘若我們在至真至短的青春年華，便甘願被娛樂至死的風氣帶著走並沉湎其中不能自拔，待有朝一日回首往事，又拿什麼去致敬業已逝去的寶貴青春？

時光雖貴，其本身卻如白紙般沒有任何價值，正是我們的存在和行為賦予其閃閃發光的不朽價值。

有人說：人生在世，最重要的是要知道自己想要什麼。但其實，作為高居食物鏈頂端的人類，當真不知道自己想要什麼嗎？

能洞悉規律者勝，存因果敬畏者久。

事實上，人們追名逐利，一方面可以推動社會發展、人類進步，另一方面卻又會惑亂人心。於是，我們總能看到一個個「成也名利、敗也名利」的悲劇事件在生活中一再上演，這便正如流傳甚廣的戲曲《桃花扇》中的名句：「眼見他起高樓，眼見他宴賓客，眼見他樓塌了。」

那麼，諸如此類的「樓塌」事件有一天會不會也落在我們的頭上呢？

我們當然不懼前路的艱難險阻，也不怕人生的跌宕起伏，讓我們真正悔恨的是促使塌方的根本原因並非來自上天或者他人的打擊，而恰恰來自我們自己。

《增廣賢文》中有：「君子愛財，取之有道。」

李嘉誠認為自己的商業成功之道是：「好謀而成，分段治事，不疾而速，無為而治。」

人生究竟有沒有一條路徑，能讓有志者成其偉業、有才者遇其知音、有心者得其自由？

縱觀古今中外那些功成名就並得以善終的人，我們發現，他們都具有一個共同特質，那便是人格魅力！可以說，每一個擁有人格魅力的人，都能在順境時得到眾人相幫，在逆境時也能吸引貴人相助。換言之，正是人格魅力成為他們的堅強後盾，使他們既能高高起飛，又能平安降落；而對於

前言

大多數並沒有想要做一番大事的有才者和有心者來說，人格魅力也能助他們自動封鎖或化解人生路上無數的明槍暗箭，使之從容不迫地在忙時能一展所長、閒時亦自得其樂。

然而，人格魅力卻並不像基因那樣與生俱來；人格魅力也不是疫苗，只需打一針就有；真正的人格魅力更不是產品，靠著行銷宣傳和包裝便能獲取。

人格魅力猶如道家的內功，需要在生活中不斷磨礪修練得來，這當然需要有系統、有策略地一步步修習。在這個過程中，對眼前利益得失的糾葛可能會讓你剛開始並不適應，而一旦你具備人格魅力，它便能襄助你在現實世界中走得更順。

而這本書，深度統整出多位縱橫商海的優秀企業家與高階管理者身上共同的成功特質，再融合兩位作者的心血，歷時18個月終於完成！為求行文嚴謹、方法有效，在完稿後，兩位作者又請教多位早已功成名就的前輩、良師（詳見本書「後記」）對人生的理解及感悟，最終四易其稿而成書。

生命總有終結，成長沒有止境。

整日埋首於枯燥文字間，個中滋味實在一言難盡。一言以蔽之，便是「痛並快樂著」。而作者堅持創作的最大發願，便是期冀讀者朋友在讀完本書「有能」、「有信」、「有品」、「有

責」、「有恆」、「有愛」、「有度」、「有趣」、「有心」這9大章節所分享的觀點、方法、案例等內容後，能有所收穫。

當然，一家之言，僅供參考。

最後，謹借當代藝人張藝興的一句話與讀者共勉：「以我來時路，贈你沿途燈。所歷舊風雨，共作好前程。」

李長瑜、喬思遠

前言

第一章
有能：
成就不凡的獨立競爭力

第一章　有能：成就不凡的獨立競爭力

1. 為何而戰？人生就是為了贏一次

當時間的主人，命運的主宰，靈魂的舵手。

——羅斯福（Roosevelt）

贏。

一個人，忙忙碌碌奮鬥這一生，說到底是為了贏。

在我們整個人生歷程中，始終貫穿著各種努力獲得的贏：少年時為學業的贏、青年時為工作的贏、壯年時為家庭的贏、中老年時為子女後代的贏……可以說，只要還在紅塵中行走，無論是誰，多數行為都是為贏而存在的。

贏，能賦予人們樂趣之花、成就之果，也意味著我們正走在正確的人生賽道上，能使我們生出迎接下一次挑戰的勇氣與力量——勇於突破自我、超越昨天，這本就是深刻於人類基因中的天性。

也因此，整個人類文明才能從原始社會一路進化到今天的資訊時代，我們才有了人工智慧、雲端運算、5G、太空飛機以及太空梭……從本質上說，這正是人類在不斷創造一個又一個贏的結果。

1. 為何而戰？人生就是為了贏一次

　　一個人或者一個群體，在遇上挑戰時一次不贏可以接受，一時不贏也能夠調整，但若是一直贏不了，他或他們可能會不受控制地產生自我否定的念頭，輕則失去鬥志，嚴重時甚至可能萬念俱灰。

　　讀過劉慈欣科幻鉅著《三體：地球往事》的朋友，都能直接地感受到這一點。

　　當人類世界的基礎科學被三體人的兩顆微觀智子鎖死後，全世界身處科學研究領域的科學家在這一「事實」面前，都因對物理學的信仰崩塌而絕望；直到人類後來透過古箏行動破解了智子祕密，「贏」了三體人，籠罩在人類科學家頭上的濃霧才散開。

　　人生路，說長亦短，說短亦長。

　　任何遭受挫折以致身陷絕境的人，只要他還相信明天能贏，即使一息尚存也絕不會輕言放棄。

　　──如此，贏等同於成功嗎？

　　兩者有相似之處，卻也有著重大的不同。

　　成功，是一個個階段性目標的不斷達成，而所有這些目標達成的最終意義都彙集成了一個字：贏。兩者之間的關係，頗像戰術與策略，戰術是服務於策略的。正如打贏一場戰鬥是為了打贏一場戰役，打贏一場戰役是為了打贏一場戰爭，打贏一場戰爭則是為了實現某一個策略目的。也因此，

第一章　有能：成就不凡的獨立競爭力

　　策略設計優先於戰術目標，贏的內涵包括成功又不僅僅包括成功。

　　當戰術成功與策略目的錯位時，將要付出的代價是龐大的。比如二戰時日軍成功偷襲珍珠港，卻為日本軍國主義的覆亡敲響了喪鐘；再比如「南轅北轍」故事中的主角，因方向錯誤永遠不可能到達目的地。

　　當你為追名逐利不擇手段卻壓根沒明白何為人生的贏時，已然走在了輸的路上。

　　為贏而來，本是生命的最大價值與意義。

2. 淚水無用！職場從不憐憫脆弱者

萬事自有定數，萬難自有解數。

—— 老子

● 中年大叔的哭泣

某個夜晚。

路邊霓虹閃爍，路上車水馬龍，廣場上健身愛好者們正歡快舞動，不遠處的社區大樓已點亮燈火。

使我從如此祥和的人間夜景下猛然回頭觀望的，是一個極不尋常的聲音！

那是一個中年男人哭泣的聲音。

這情景，瞬間令我為之動容！即使多年過去，那位大叔撕心裂肺的哭泣仍令我無法忘懷：一面快走，一面揮袖抹淚的他就像個孩子，痛哭的模樣令人心疼。

英雄逢末路，途窮天地窄。

一個七尺男兒，究竟遭受了怎樣的挫折或傷害，才會如此不顧一切地盡情揮淚？他從我身邊閃過的那一刻，我腦海中出現了很早以前讀過卻未加細究的兩句詩：「丈夫有淚不輕

第一章　有能：成就不凡的獨立競爭力

彈，只因未到傷心處。」

「飄飄入世，如水之不得不流，不知何故來，也不知來自何處；飄飄出世，如風之不得不吹，風過漠地又不知吹向何許。」近千年前，波斯大文豪奧瑪‧開儼（Omar Khayyám）對於人生無常便有如此深刻的領悟。

那位於人前痛哭的壯漢內心一定是堅強的，也是可敬的，我至今仍然這樣認為。

他也許是遇到了事業破產，又或者是遭受了伴侶背叛……但無論如何，我知道他一定沒有在相關當事人面前如此失態！那些心中悲憤但內在剛強的人，會將淚水灑在所有人都轉身後。他們都堅定地相信這樣一個生存哲學：「我可以脆弱，但絕不是在你面前。」同理，我們可以偶爾向家人哭訴心中的委屈，但絕不要在職場中展現軟弱，除非是喜極而泣的感動。

是的，職場從來不會同情弱者，也越來越不相信眼淚。

● 面對機會必須敏感，面對挫折卻要鈍感

有位學員曾在課堂上向我提出這樣的問題：

「喬老師，我一直很在乎同事的評價，也想和每一個人打好關係，但不管我怎麼做都會有人對我不滿意，這讓我時常感到苦惱，是我太執著還是太敏感？」

2. 淚水無用！職場從不憐憫脆弱者

孟子有言：「行有不得，反求諸己。」

想要和同事打好關係有錯嗎？沒有，也應該如此，但既然沒做到，那肯定是什麼地方出錯了。

該學員能在公開場合提出這個問題，顯然是有勇氣的！一時間，其他同學也都在翹首以盼我的解答。於是，我向現場另一位學員借了一張一百美元大鈔，就有了下面和他的對話：

我問：「如果你看到這張錢掉在地上，你會彎腰撿起它嗎？」

「會。」他的回答乾脆俐落。

我繼續問：「如果面額是 50 元的呢？」

「會。」他依然沒有絲毫猶豫。

我又問：「那要是 1 塊錢呢？」

「可能……也會吧。」他有點猶豫。

我再問：「要是 1 分錢呢？」

……

這是一次極簡卻生動的教學對話，我們可以從中推導出如下真相：

(1) 當你成為別人眼中的「百元大鈔」，就會有人主動向你靠近，所以最重要的是不斷提升自己。

第一章　有能：成就不凡的獨立競爭力

（2）當你身邊出現「百元大鈔」，你一定要抓住機會，反應要快，稍有遲疑這個機會就屬於別人了。

（3）若你目前僅具有「1 塊錢或 1 分錢」的價值，那對他人的輕視甚至冷嘲熱諷其實無須介懷。

（4）當你本身的眼界已經達到「百元大鈔」的高度，便不會再為從前「1 塊錢或 1 分錢」的小事而煩惱。

……

有一位喜劇演員曾說：「我並不知道成功的祕訣，但失敗的關鍵卻是因為你想取悅所有人。」

通達的人常說：「你不是美金，怎麼可能人人都喜歡？」但其實，即使你是美金，也未必能讓人人喜歡──假如你化身成一分錢躺在馬路上，那麼不但沒幾個人會為你彎腰，可能很多人連看都懶得多看你一眼。

理念不同，眼界和行為自然也不同。

也因此，當機遇來臨時，保持敏感才能察覺並捕捉到它；當逆境來臨時，保持鈍感才能好好保護自己。

一如日本作家渡邊淳一在其代表作《鈍感力》一書中所倡導的：「從容去面對生活中的挫折和傷痛，堅定地朝著自己的方向前進，它是『贏得美好生活的方式和智慧』。」

最後,貼一張不同類型的人敏感與鈍感的分析圖,方便讀者朋友們更直接地了解「敏感與鈍感」(見圖1-1)。

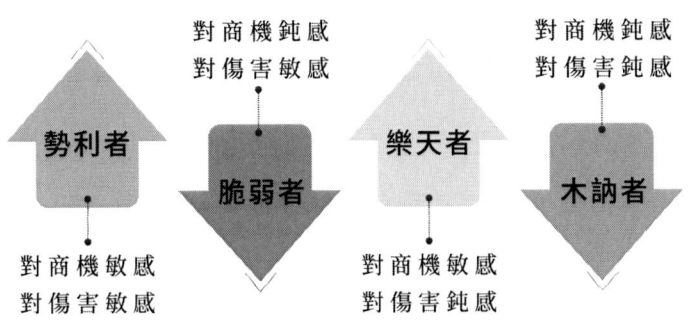

圖 1-1 不同類型的人敏感與鈍感分析

3. 不爭第一，也要成為唯一

> 欲為天下第一等人，當做天下第一等事；做當今一個好人，須壁立千仞。
>
> ——胡居仁

● **第一是品牌，其他只是牌子**

在 A 品牌平板筆電的發表會上，有記者在採訪中向其 CEO 提出這樣一個問題：「A 品牌登頂 PC 第一名還有何意義？」

「你知道世界第一高峰是什麼嗎？」CEO 反問。

記者說：「聖母峰。」

CEO 又問：「那第二高峰呢？」記者說：「不知道。」

CEO 說：「這就是我們要成為第一的意義，它能極大地提升我們的品牌。」

對企業來說，名列第一是品牌，其他都只是一個牌子。

對個人來說大抵也是如此，每一個職場人士都可以擁有自己的「職業品牌」！在與外界對話的過程中，我們就是在展現自己這份獨一無二的「產品」——品質精良的真品受到追捧，品質不好的贗品遭到嫌棄。

3. 不爭第一，也要成為唯一

「事如芳草春長在，人似浮雲影不留。」

每個職場人士都有退場的那一天！那時的我們能為自己的職業生涯打幾分？當你退出江湖，江湖上又是否會留下你的傳說？這就是說，無論有無正式的評比，無論有無外界的表彰獎勵，也無論你正在從事何種工作，都應全力以赴至少做到一次第一！如果第一成為你的日常，那麼優秀便會成為你的一種特質，一如蘇轍在《論語拾遺》中所說：「火必有光，心必有思。」

想成為第一只是目標，為什麼要成為第一才是目的。

換言之，當你想做好某件事時，可能會多次嘗試；但唯有當你明確為什麼要做好這件事時，才能產生百折不撓的意志。

基於職場新人對「目標」和「目的」這兩個重要概念容易混淆的現狀，讓大家看個金字塔模型（見圖 1-2）。

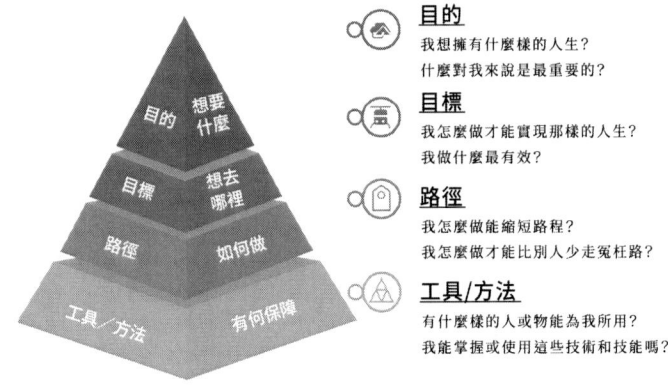

圖 1-2 金字塔模型

033

第一章　有能：成就不凡的獨立競爭力

「想要什麼」和「想去哪裡」有本質不同。

比如說，你最近心情不好，想透過外出旅遊散散心。注意，「散心」才是你的目的，「去某處」只是目標，「如何去」是路徑工具，「有何保障」則是你需要掌握的攻略與技能。否則，等你到達某處，才發現該地竟然人山人海，原本鬱悶的心情會不會雪上加霜？

● 唯一就是換個方向的第一

在這個商業高競爭時代，你要麼戰勝他人成為第一，要麼超越自己成為唯一，否則，只能黯然出局。

在同一時段、同一類別的職業評比中，只能產生一個第一！就像足球比賽一樣，即使兩隊積分相同，也一定會透過其他方面的比較決定勝負。但「唯一」卻可以同時有很多個。比如，公司在評出銷售冠、亞、季軍後，會同時設置諸如最佳進步獎、最佳服務獎等一系列榮譽獎項。

第一本身就是唯一，唯一也是一種第一；或者我們也可以這樣說：唯一，就是換個方向的第一。

當我在課堂上提出這個觀點時，有學員立刻舉手反問：「老師，那麼倒數第一也是換個方向的唯一嗎？」

此問一出，不少學員哈哈大笑。

3. 不爭第一，也要成為唯一

看過《射鵰英雄傳》的讀者朋友都知道，每一個習武者莫不渴望能在「華山論劍」中奪得天下第一。但其實，你再強大都有比你更強大的，你再弱小也有比你更弱小的！所謂的排名第一，也不過是某個時段的相對結果。只要你每一天都在超越昨天的自己，你就是自己的第一，也是自己的唯一，這才是真正的強者。

有一篇關於愛因斯坦（Albert Einstein）的故事，至今想起仍覺頗有意義，故事大意是這樣的：

在一次手工課上，老師在一大堆手工作業中挑出一個製作很醜的小板凳，問：「同學們，你們有誰見過這麼醜的小板凳？」同學們哄堂大笑。

這時，愛因斯坦紅著臉站了起來，說：「老師，我見過比它更醜的小板凳。」同學們都向愛因斯坦看去，只見愛因斯坦從書桌下拿出兩個更醜的小板凳說：「這是我前兩次做的，交出去的那個是我第三次做的，雖然它不是很好看，但是和前兩次的相比，總要好一些。」

這回，大家都不笑了，老師和同學們都理解了愛因斯坦。

前進就像登山，我們都希望能有捷徑可走，但很多時候卻只能攀緣而上。

行動即向前，唯一亦是第一。

第一章　有能：成就不凡的獨立競爭力

4. 你的思想字典正決定你是誰

　　一個人能力有大小，但只要有這點精神，就是一個高尚的人，一個純粹的人，一個有道德的人，一個脫離了低等趣味的人，一個有益於人民的人。

──佚名

　　有一種食品，叫垃圾食品；有一種鴉片，叫精神鴉片。

　　翻開厚重的近代歷史，我們不難得出一個直到今天仍然適用的刻骨教訓：落後就要挨打。

　　180多年前，英國殖民者以林則徐虎門銷菸為藉口，用堅船利炮強行敲開國門，隨後西方列強紛紛湧入，自此中國在半封建半殖民地的社會形態下，開始了長達百餘年的屈辱史。

　　守正方能避邪，克己而後復禮。

　　在當今看似波瀾不驚實則危機四伏的和平年代，我輩更應珍惜這來之不易的發展機遇，努力提升自我，為個人、為眾人貢獻自己的微薄之力！

　　我看到一則讓我頗覺義憤又倍感欣慰的新聞：

　　某大學教授在演講中，因向學生大肆宣揚不良觀念被學

生怒搶麥克風。

我也是老師，但這件事我卻堅決地與那位學生站在一起，正如學校負責人回應此事時所說：「該學生觀念很正確、很勇敢。」少年的聲音擲地有聲，相反，那位教授的言行卻有損教師這份光榮的職業，應當受到譴責。

試想：倘若學生都接受該教授的思想，不出十年，當這批莘莘學子邁入社會，國家的未來、社會的風氣將會呈現何種景象？還有何前途可言？

一如孔子之感嘆：「德之不修，學之不講，聞義不能徙，不善不能改，是吾憂也。」

在今天，荼毒人民身體的物質鴉片沒有了，但各種低等趣味的精神鴉片卻仍存在，這也正是一再嚴打「毒教材」、「毒教育」的原因所在。

「人事有代謝，往來成古今。」

戰爭年代，軍人與看得見的敵人用刺刀拚殺；和平年代，我們對看不見的「敵人」更應保持警惕。

人的大腦對外界的任何資訊都會在潛意識中給出回應。而最能蠱惑人心的，便是經過包裝得似是而非的資訊，時常讓人們還未來得及抵抗便已被俘虜。當大腦裡累積的資訊多了，自然就匯聚成一部思想的字典，這便是一個人觀念的形成過程。

第一章　有能：成就不凡的獨立競爭力

可以說，在這部主導我們行為及價值理念的思想字典中，要麼芳草宜人，要麼雜草叢生。

在你浩瀚的思想字典中，盛滿的是什麼呢？是負面情緒還是正面情緒呢？（見圖 1-3）

筆者有一個消除負面情緒的有效方法，分享出來供朋友們參考。

冷漠、悲觀、狂躁、哀愁、抱怨	熱情、陽光、寧靜、喜悅、擔當
邪惡、恐懼、嫉妒、憂鬱、絕望	正直、勇敢、幸福、勤奮、希望
墮落、逃避、推卸、狹隘、自私	奮進、樂觀、積極、滿足、大度

圖 1-3 負面情緒和正面情緒

應用方法：

(1) 請先遮擋住右側的 15 個詞語，連續誦讀 3 遍：我是一個（左側 15 個詞語）的人；

(2) 再擋住左側 15 個詞語，再誦讀 3 遍：我是一個（右側 15 個詞語）的人。

(3) 思考在你閱讀不同詞語時，分別有怎樣的心理感受。然後，認真找出你最想要消除的 1～3 種負面情緒，按如下格式列出並反覆誦讀：

4. 你的思想字典正決定你是誰

在我＿＿＿＿＿＿的字典裡，從來就沒有什麼＿＿＿＿、＿＿＿＿，因為＿＿＿＿＿、＿＿＿＿、＿＿＿＿才是真正的我。

(4)將上面這句話牢記於心，並寫下來，貼在辦公桌前每天看幾遍。這樣，當在生活或工作中你有負面情緒冒出來時，大腦中據此產生的抗體便能助你免於干擾，賦予你勇敢前行的力量。

第一章　有能：成就不凡的獨立競爭力

5. 魅力是最具殺傷力的核心力

　　人格所具備的一切特質是人的幸福與快樂最根本和最直接的影響因素。其他因素都是間接的、媒介性的，所以它們的影響力也可以消除，但人格因素的影響卻是不可消除的。

　　　　　　　　　　—— 叔本華（Arthur Schopenhauer）

在撰寫上一本書──《奮進者》的過程中，筆者曾與某公司董事長郭先生有過這樣一番對話：

「郭董，如何界定一個管理者有沒有領導力？」筆者問。

郭董答：「看他有沒有『粉絲』。」

隨後他進一步解釋道：「『粉絲』越多，說明他的領導力就越強，反之亦然。」

「那一個管理者怎樣才能擁有更多的『粉絲』呢？」筆者又問。

郭董答：「打造自身的人格魅力。」

顯然，郭先生所指的「粉絲」，並非社交平臺上追蹤了你的人。

人格魅力，關鍵是人格魅力。

5. 魅力是最具殺傷力的核心力

一個擁有人格魅力的管理者在面臨艱鉅任務時，只要登高一呼，其下屬團隊便能熱血激昂地開始行動，這便是領導力的綻放！

再來看一個關於求職的例子：

A員工：「我真的很優秀，如果你們錄用我，我一定能為企業創造最大的價值。」── 這是自賣自誇式推銷。

B員工：「我手上有很多客戶資源，如果你們錄用我，這些資源都是公司的。」── 這是買一送一式促銷。

C員工：老闆被其優秀的綜合素養所打動，決定錄用這個員工。── 這是以質取勝式行銷。

D員工：老闆尚未與其正式見面，但他身邊的朋友、客戶都已對該員工讚不絕口。── 這便是所向披靡的人格魅力。

美國管理界學者湯姆・彼得斯（Tom Peters）曾說：「建立個人品牌，就是21世紀的工作生存法則。」

曾經，我們把「酒香也怕巷子深」的現象叫做「懷才不遇」。但在各種短影音及自媒體直播平臺已高度普及的今天，「懷才不遇」這一說法不成立了。

倘若真有「懷才不遇」，那也是反向證明了其自身存在的以下3個問題：

第一章　有能：成就不凡的獨立競爭力

（1）才具不足：此人雖然有才卻遠遠不夠！這個時代有點小才的人太多了，一抓一大把。

（2）才華過氣：過去的工作經驗與成功方法，不僅不能讓你在瞬息萬變的當今社會繼續成功，還有可能成為阻礙你前行的絆腳石！你必須與時俱進，確保自己的才能與時代接軌。

（3）才高品低：無論是職場人士還是專業經理人，都必須在能力很強的同時，具有職業操守和高尚的品格，這樣才能得到別人的認可。

成就人格魅力之路，本質上也是一個不斷去除雜質（缺點）、超越本我的過程。也因此，每一位有識者都需要儘早與自己對話、讀懂自己，這樣才能成就最好的自己！

精彩回顧

◎我們可以偶爾向家人哭訴心中的委屈，但絕不要在職場中展現軟弱。

◎當機遇來臨時，保持敏感才能察覺並捕捉它；當逆境來臨時，保持鈍感才能好好保護自己。

◎當你想做好某件事時，可能會多次嘗試；但唯有當你明確為什麼要做好這件事時，才能產生百折不撓的意志。

◎你要麼戰勝他人成為第一，要麼超越自己成為唯一，否則，只能黯然出局。

第二章
有信：
建立忠誠守信的口碑力

第二章　有信：建立忠誠守信的口碑力

1. 忠誠不是籌碼，是自我選擇

> 希望你們年輕一代，也能像蠟燭為人照明那樣，有一分熱，發一分光，忠誠而踏實地為人類偉大的事業貢獻自己的力量。
>
> ——法拉第（Michael Faraday）

● 存在未必合理，成長須交學費

忠誠，不是一種能力，而是一種選擇。

在多元價值觀並存的資訊時代，時不時就會冒出一些奇葩卻頗有市場的言論，似乎是在印證著黑格爾（Georg Wilhelm Friedrich Hegel）的那句「存在即合理」。

於是，每當有人想要撥正一種亂象、消除一種糟粕時，就會有人搬出一句「存在即合理」。

「存在即合理」這句話本身合理嗎？違章行為乃至於違法亂紀的現象也一直存在，也都合理嗎？再比如，當我說「世界上沒有一句話是絕對正確的」，請問我這句話絕對正確嗎？大文豪魯迅先生也曾發出過類似質疑：「向來如此，便對嗎？」

「天下熙熙，皆為利來；天下攘攘，皆為利往。」千百年來，便是如此。

《孫子兵法》也說：「善用兵者，合於利而動，不合於利則止。」然而，善逐利者，須知利有大小、遠近之分 —— 近利在明，遠利在隱，小利易知，大利難察。一個人無論身處何種位置，其言行若以名利為導向而不顧其他，則勢必反為名利所累，最終導致難以善終！

秦朝李斯，因輔佐秦始皇一統寰宇位至丞相，卻因貪戀權位，與趙高合謀竄改秦皇遺詔，最後被趙高所忌，被腰斬於市。近代袁世凱，曾因為逼清帝溥儀退位而使當時的中國南北統一被時人稱頌，最後卻也因利慾薰心，妄圖復辟帝制落得身敗名裂。

而在人才流動自由化與自主化的當今職場，人才已經進入「自僱時代」，跳槽對職場人士而言已是家常便飯。稍有不順心，有人便瀟瀟地留下一句「此處不留爺，自有留爺處」。還有一些五花八門的跳槽理由讓人哭笑不得，比如：「公司美女太少」、「命太硬剋公司」、「家裡有礦要去繼承」……這沒有對錯之分，只是選擇不同 —— 這一點，我們在最後一章再詳述。

在憲法賦予公民的所有權利中，有一項極重要的權利便是選擇權。但職場人士換工作仍須謹慎，筆者曾見過因為換

的新公司不如原公司，有人一年內連換幾份工作，以致都不好意思將這些經歷寫在履歷裡！成長路上交學費是必要的成本，但學費過重則會變成代價。也因此，我們的每一個重大選擇，都應是基於對美好未來的理性考量做出的，而非被眼前利益的誘惑所驅使。

筆者有3個建議，也是面對選擇時的連環三問，送給將要做出選擇的你：

(1) 這樣做是我思慮成熟之後的決定嗎？

(2) 如果以後和我現在想的不一樣甚至相反，我會後悔嗎？

(3) 萬一我後悔了，後果我能接（承）受嗎？

● 使命感是守護忠誠的先決條件

近年來，有一種社會觀點認為：「所謂忠誠，只不過是因為背叛的籌碼還不夠。」

這句話看上去似乎有道理，但掩蓋不了將人引入歧途的嫌疑。

人性在許多時候禁不起誘惑是事實，很多人會在短暫的快感中遺忘初心。但人應當有底線，否則必遭反噬 —— 利慾薰心之下釀成悲劇的人難道還少嗎？若沒有忠誠守信為前提，便不會有信義存活的土壤。若人人都「認利不認理」，社會風氣將不堪設想。

1. 忠誠不是籌碼，是自我選擇

到底是我們改造了世界，還是世界改造了我們？

「這是一個最好的時代，也是一個最壞的時代。」生活在200年前的狄更斯（Charles Dickens）不會想到，他對19世紀社會面貌的感慨，在200年後的今天竟然仍然適用。

李嘉誠曾說：「一個人的價值，在遭受誘惑的那一瞬間被決定。」

即使在商言商，商業的本質也是價值的等價交換。倘若你不具備某種價值卻又渴望某種資源，那要麼出賣自己的利益，要麼損害他人的利益。

使命感，關鍵是找到使命感。

「請問何謂使命感？」

「就是你要知道今後該如何去好好使用自己的命。」

「知道了又會怎樣？」

「當你明白自己此生為何而活，便可以忍受眼前的任何生活並不改初衷。」

這是一位長者與我關於使命感的對話。

那些常以「忠誠，只因為背叛的籌碼還不夠」為自己的見利忘義而辯解的人，恰恰是最無節操的人。若是這種謬論都能成立，那我們豈不是可以就此推導出許多類似的言論：「樂觀，不過因為壓力還不夠」、「善良，只是因為遇到的壞人還不夠」、「勇敢，也只不過因為遇到的危險還不夠」……這絕

第二章　有信：建立忠誠守信的口碑力

不應該成為不忠誠的藉口。

無論頂著怎樣的壓力，樂觀的人總有辦法繼續樂觀；無論見到過多少壞人，善良的人依然善良；無論碰上怎樣的危難，真正勇敢的人都能挺身而出；無論面對多大的誘惑，忠誠正直的人都能不為所動。

使命感，從來都不是好聽卻空洞的話。試想，在大是大非面前仍待價而沽將自己視為籌碼的人，又怎麼能得到別人的尊重？

事實上，能為利益而放棄忠誠甚至反戈一擊的人，並非因為別人給予他的好處有多大，而恰恰是因為他自身忠誠的本色太淺。

2. 信用一破,重建比登天還難

　　信任是友誼的重要空氣,這種空氣減少多少,友誼也會相應消失多少。

　　　　　　　　—— 約瑟夫・盧恰尼（Joseph J. Luciani）

　　「你朝我後背開了一槍,而我依然相信那是槍走了火。」

　　聽過這句話的讀者朋友,一定都知道這句話背後那個頗為感人的故事。主角對同袍的信任讓人很是感動。

　　但其實,在主角原諒朝他開槍的同袍的同時,他們之間的關係也再回不到從前的親密無間了:我原諒了你,但並不代表我今後仍會信任你。

　　信任,是用來守護而非傷害的。

　　人與人之間往來的最大成本莫過於信任成本,我們若想與人建立「不設防」的高度信任,須經過長時間的磨合和多次考驗,但是,想要毀掉這種信任,卻只需一次背叛就足夠。

　　這也恰恰說明了忠誠與信任的珍貴。

　　概括而言,現實生活中的誠信考驗主要來自公領域和私領域兩方面。

第二章　有信：建立忠誠守信的口碑力

● 公領域誠信

先簡單說一下定義，所謂公領域，是指公民可以正常參與的公共生活領域，私領域則指公民的私人生活領域。在公領域中，誠信體系有法律和各種規章制度來維繫。

相較而言，一些人對公領域誠信的重視程度會略小於私領域，因為看起來「公家的便宜不占白不占」。殊不知，事物都會沿著逐步累積帶來轉變的方向發展──夜路走多了，總會遇見鬼！當失信累積到一定程度，到需要償還時就會變成連本帶利的「信譽高利貸」。

信用一旦破產便很難修復，像極了一支跌破底價面臨被強制退市的股票。

很多人在年少時便展露出過人的天資，本該有大好前途，可惜反被聰明所誤！曾有人如此告誡後輩：「世上最聰明的人是最老實的人，因為只有老實人才能禁得起事實和歷史的考驗。」

● 私領域誠信

如果說，維繫公領域誠信體系的是法律和各種規章制度，那麼私領域誠信所依託的便是關係和情感。

但，這並不意味著兩者之間一直那麼涇渭分明。

比如說，當你因為占了公司的便宜而被檢舉，一定會影響朋友們對你的看法；而當你嚴重失信於友人時，也有可能因為對簿公堂而被大家知道。若不能及時改正，便會陷入無盡的失信惡性循環中 —— 到那時，「社死」的條件也就基本具備了。

有句話是這樣說的，筆者深以為然：

一輩子不長，不要為利益去試圖欺騙那些信任你的人，不要傷害在乎你的人！因為你所能騙到的、所能傷到的人並不是傻，只是他們真心待你而已。

最後，提供一份「誠信宣言」，供需要堅定誠信決心的讀者朋友使用。

誠信宣言

我＿＿＿＿鄭重承諾：

唯信任不可負，唯責任不可推，唯使命不可擋！

從今天起，我將言必信、行必果、不怕難、敢擔當。

做忠誠正直的人，做堅守信義的人，做值得信賴的人！

承諾人：＿＿＿＿

＿＿年＿＿月＿＿日

第二章　有信：建立忠誠守信的口碑力

3. 誠信四折尺映照人格價值

我們知道他們在說謊，他們也知道他們在說謊，他們也知道我們知道他們在說謊，我們也知道他們知道我們知道他們在說謊，但是他們依然在說謊。

──索忍尼辛（Aleksandr Solzhenitsyn）

任何有志於打造人格魅力的職場人士，都不可不知衡量個人誠信美譽度的四折尺（見圖 2-1）。

取信之道：
不論大事小事

立信之本：
不論高低貴賤

誠信美譽度

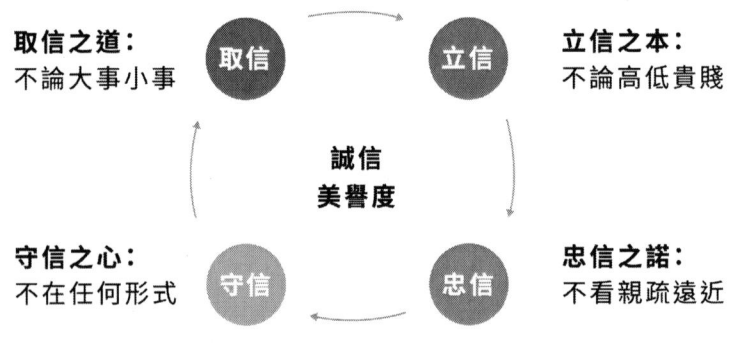

守信之心：
不在任何形式

忠信之諾：
不看親疏遠近

圖 2-1 衡量個人誠信美譽度的四折尺

3. 誠信四折尺映照人格價值

● 取信之道，不論大事小事

善信者絕境逢生，失信者自掘墳墓。

在一齣喜劇小品裡，A 與 B 有這樣一段對白：

B 說：「人生最痛苦的事情是什麼？人死了，錢沒花完。」

而 A 反駁道：「人生最最痛苦的事情是什麼？人活著呢，錢沒了。」

而在筆者看來，人生「最最最」痛苦的事情應當是：「人還活著，信譽卻沒了。」

人之所以能在逆境甚至絕境中谷底翻身、越挫越勇，相當程度上源於對自己依然堅信不疑的力量！而一個信用破產的人則不會有這種力量。比如，你偶爾做了一件壞事，你會覺得自己只是一時頭腦發昏，但當壞事做多了便容易產生「自暴自棄」的心理，那時連自己也會懷疑自己究竟是好人還是壞人。這就是說，在外界的險境將你擊倒之前，你自己已經先一步把自己的人格打垮了。

在古代，商鞅曾以「立木賞金」的小事取信於民，周幽王卻用「烽火戲諸侯」的謊言失信於天下；在今天，商界、企業界對誠信更是嚴格要求！有時候，一個客戶拒絕與你簽約、一個朋友不再和你往來，很可能就是因為你的一次爽約、一次食言。

第二章　有信：建立忠誠守信的口碑力

● 立信之本，不論高低貴賤

「今天你對我愛理不理，明天我讓你高攀不起。」

伴隨著自媒體與行動網路技術的迅速發展，誕生了一批全新的自由工作者：網路寫手。

儘管大多數寫手創作的「爽文」缺少內涵，更像是「速食式」的產品而非作品；但我們不得不承認，在當今以年輕人為主體的使用者族群中，「爽文」仍有著非常龐大的市場。

只不過，現實世界和「爽文」世界的價值觀念終究有著本質的區別。

「爽文」中主角的成功，靠的是主角光環而非誠信的腳印。「面對高高在上的囂張者，我便用實力打臉直到將你打服！」——這是讓「爽文」讀者熱血僨張的一貫路數。也正因為對這類「叢林法則」的過度推崇，許多人在現實中也信奉諸如「勝利者不受指責」、「真理只在大砲射程內」等為達目的不擇手段的觀點。這其實是對「叢林法則」的片面理解——弱肉強食是大自然的法則，卻並非文明世界的真理。

很多時候，人們在與更強者打交道時會下意識地特別守時、守信，但是在對待另一些相比自己處於弱勢的人時，卻又是另一番光景。真不知是心中的優越感作祟，還是補償心理在找平衡。

事實上，想要與他人建立信任，就應一視同仁，不分高低貴賤。

● 忠信之諾，不看親疏遠近

成功源於自信，更是源於自信。

這句話乍一看讓人不明所以，但其實：第一個自信，是指對自己做事時的自信心；第二個自信，則是指對自我承諾時的守信力。

很多時候，我們習慣於「把最好的表現留給外人，把最差的脾氣留給親人」，承諾也是一樣。現實中，人們對社交場合中他人的囑託大多能盡心盡力，卻在面對身邊最親近的人時一再敷衍，就像某部電影中，為了生意連續 7 次推掉陪女兒去海洋館約定的主角。

就誠信守諾的兌現優先順序而言，他們的排列順序似乎是這樣的：對客戶誠信＞對朋友誠信＞對親人誠信＞對自己誠信。這個排序看上去似乎沒什麼不對，畢竟一個人想要在競爭激烈的商業社會中脫穎而出，必須將客戶奉為上帝。然而真正守信的人，無論處於怎樣的環境中都能不忘堅守承諾的初衷，且不會區別對待自己的朋友、親人及自己。

許多人在對別人做出承諾後失信時都能盡力彌補，卻不曾重視與履行對自己的承諾。

比如，當你為自己制定了周全的健身計畫，但堅持還不到一週，忽然有一天下雨了，又有一天睡過頭了，接著某天又腰痛了，原本理想的計畫就此夭折；然後再次計劃再次夭折──你就這樣對自己漸漸產生了疑問、傷害了自信。少有人能在首次自我失信時便立即做出彌補，比如：「外面下雨我就居家運動」、「早上睡過頭了我就去夜跑」、「今天腰痛了我腰好後補回來」……

● 守信之心，不在任何形式

誠信有成本，吃虧是福；失信有代價，貪心引禍。

這並非「站著說話不腰疼」，也不是說利益得失不重要。相反，恰恰是由於利益對每個人都重要，我們才不能因為對利益的渴望而去損害他人的利益──當你因背信棄義之人利益受損時，便能深深體會「守信」二字的分量。

「諾不輕許，故我不曾負人；諾不輕信，故人未曾負我。」

絕非白紙黑字寫進具有法律效力合約的條款才須守信，哪怕只是口頭許諾也要說到做到──流傳千古的誠信典故「季札掛劍」，便很好地詮釋了這一點。

季札的允諾只是生發於內心之中，旁人根本無從知曉，

但他並不因為徐君的過世而違背自己的承諾。千金難買的寶劍與信義相較，微不足道。

「延陵季子兮不忘故，脫千金之劍兮帶丘墓。」如今，掛劍臺已成為誠信的象徵。

第二章　有信：建立忠誠守信的口碑力

4. 善意謊言也能展現真誠心

> 有時候，謊言很美麗，她的名字叫「善意的謊言」。
>
> ── 米・露西・桑娜

「志不強者智不達，言不信者行不果。」

在前面的章節中，我們用了大量篇幅來論述誠實守信是一個人的立身之本。那麼，現實中有沒有不需要誠實，甚至需要謊言的情況呢？

1999 年，土耳其發生了一次大地震。

救援人員不斷搜索可能的生還者。兩天後，大家在廢墟中看到令人震驚的一幕：一位母親用手撐地，背上頂著不知多重的石塊，她 7 歲的小女兒就躺在她用手撐起的安全空間裡。石塊太多，救援人員始終無法快速到達她們身邊……最後，一名高大的救援人員摀著了小女孩，但是，小女孩已去世。

那位母親急切地問：「我的女兒還活著嗎？」

一位救援人員大哭道：「是的，她還活著，我們此刻要把她送到醫院急救，也要把妳送過去！」

面對偉大的母愛我們既感動又佩服，同時也要稱讚這位救援人員在關鍵時刻的「說謊」──他顯然明白，如果母親聽到女兒已死，可能會在一瞬間失去求生的意志。

我們常會遇到大偽似真、大惡似善的情形，在情與理的碰撞、利與義的糾葛中，我們可能會不知所措。

為此，筆者列舉了 6 種關於誠信的現實情景，請讀者朋友們將自身代入，在每個情景下方的表格中填上你心中的答案：

(1) 你的好朋友和他的另一半吵完架要鬧離婚，你的好朋友不想離婚，於是躲到了你這裡；隨後，他的另一半找上門來，問你他在不在你這裡。

你會：＿＿＿＿＿＿＿；

因為：＿＿＿＿＿＿＿。

(2) 你的好麻吉在交通肇事逃逸後因害怕躲到你這裡，隨後警察找上門來，詢問你他在不在你這裡。

你會：＿＿＿＿＿＿＿；

因為：＿＿＿＿＿＿＿。

(3) 你是一名美術老師，你班級中有一個孩子畫畫總是畫不好，經常被同學們嘲笑。這個孩子覺得自己並不適合畫畫，問你是不是也這樣認為。

第二章　有信：建立忠誠守信的口碑力

你會：＿＿＿＿＿＿＿＿；

因為：＿＿＿＿＿＿＿＿。

(4) 你是某電商平臺的賣家，你預售的某款商品因為原材料成本急速上漲，如果按前期預售價和品質承諾交付給買家，你不但沒有利潤，反而會虧損很多錢。

你會：＿＿＿＿＿＿＿＿；

因為：＿＿＿＿＿＿＿＿。

(5) 你向一個好朋友借了 10 萬塊錢，朋友出於對你的信任並沒有讓你寫借據，也沒將此事告訴任何人。後來朋友因故突然去世，現在已經沒有人知道這筆欠款。

你會：＿＿＿＿＿＿＿＿；

因為：＿＿＿＿＿＿＿＿。

(6) 你答應了主管，今天會把一份非常重要的企劃書做好並傳給他才下班，但你心儀已久的對象突然主動約你晚上 7 點共進晚餐，這對你們的關係進展可能非常重要。

你會：＿＿＿＿＿＿＿＿；

因為：＿＿＿＿＿＿＿＿。

4. 善意謊言也能展現真誠心

精彩回顧

◎我們的每一個重大選擇，都應是基於對美好未來的理性考量做出的，而非被眼前利益的誘惑所驅使。

◎能為利益放棄忠誠的人，並非因為別人給予他的好處有多大，而恰恰是因為他自身忠誠的本色太淺。

◎一輩子不長，永遠都不要因為利益去欺騙那些信任你的人、不要傷害在乎你的人！因為你所能騙到的、傷到的人並不是傻，只是因為他們在真心待你。

◎絕非白紙黑字寫進具有法律效力合約的條款才須守信，哪怕只是口頭許諾也要說到做到。

第二章　有信：建立忠誠守信的口碑力

第三章
有品：
抵禦誘惑的品格定力

第三章　有品：抵禦誘惑的品格定力

1. 有品是底線，有德是目標

>　　人們以為品德善惡的表露，是出於明顯的行動，卻不知在自己不知不覺之間已洩露出了自己的品格。
>
>　　── 愛默生（Emerson）

鳥失羽毛不飛，人無品德難立。

多年前，筆者曾經參與討論過這樣一個話題：

為什麼像「孔孟朱王」這樣偉大的聖人都誕生於古代，而在高度發達的現代社會卻培養不出聖人？

當然，答案仁者見仁、智者見智，在筆者看來，有一個重要原因是：人們對聖人的品德要求實在是太高了！

在網路時代，只要你有一技之長，網路會成為你的「名聲放大器」！然而，網路的可怕之處也在於此：當你成名後，過往任何一點道德上的瑕疵，都有可能被萬能的網友挖出來，再經過網路傳播，最終變成一道你邁向聖人的永難踰越的鴻溝。

身處物欲橫流的滾滾紅塵中，一個人能夠「出淤泥而不染」已是難能可貴，想要將「高山仰止」般的道德標準加諸他

1. 有品是底線，有德是目標

人卻是萬萬不切實際的，除非開啟上帝視角讓每個人都提前看到自己的一生。

「獨善其身是謂品，兼善天下稱為德。」

因此，做個有德者不易，但成為有品者卻不難。也就是說，有品是做人的底線，有德則是做人的目標（見圖 3-1）。

有品是底線

不損人利己 ⋯ 對人　對事 ⋯ 不挑撥是非

對物

不貪得無厭

有德是目標

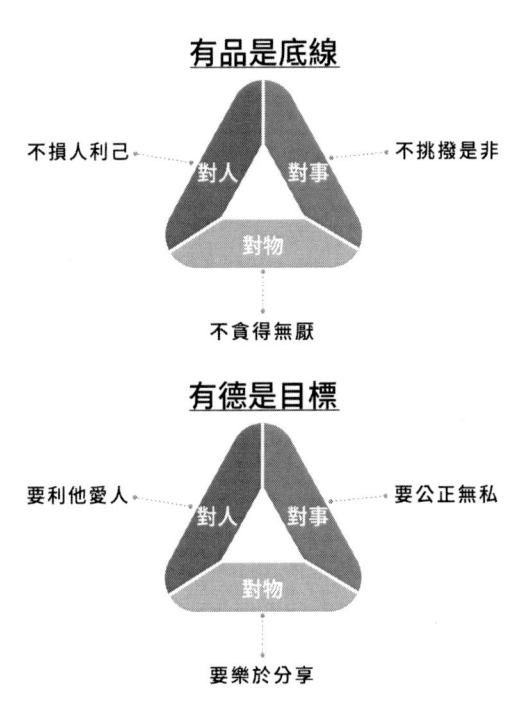

要利他愛人 ⋯ 對人　對事 ⋯ 要公正無私

對物

要樂於分享

圖 3-1 有品是底線，有德是目標

第三章　有品：抵禦誘惑的品格定力

2. 人品敗光，終將悔恨莫及

　　假如有人出賣生命水，要別人以人格作代價，聰明人絕不肯買。因為恥辱地活著，不如光榮地死去。

　　—— 薩迪（Saadi Shirazi）

　　細節，真能決定成敗嗎？

　　事實上，能直接決定一件事情成敗的並非細節，而是做事者的謀略、能力和所能調用的資源等，細節至多是影響因素。

　　細節只有在一種情況下才會決定成敗：人品不行！並且，與能力不足導致失敗但依然可以重整旗鼓所不同的是，一旦因人品不行導致失敗，幾乎不可能東山再起。

　　累積人品需要很長時間，但敗光人品卻只需一瞬間。

　　在培訓時，每當講到「有品」，筆者總會向學員提出一個問題：「人品和能力，哪個對成功更重要？」有意思的是，大多數學生首先給出的答案是人品。但當我微笑著繼續問：「你們確定嗎？」一部分人稍加思索後又轉變立場說：「還是能力更重要些。」隨後我會略帶神祕地追問：「再想想？」這時很多學員又會給出看起來「無懈可擊」的完美答案：「兩個都重

要。」然後當我說:「那為什麼一個問題我連問三次,有些同學就給出三個答案,你們是不是也太沒有立場了?」這時大家就跟著哈哈大笑。

從某種意義上說,「人品和能力到底哪個更重要」的問題屬於偽命題,因為在現實中,這並非一道數學上二選一的選擇題,人品、能力和個人成就是密切相關的(見圖 3-2)。

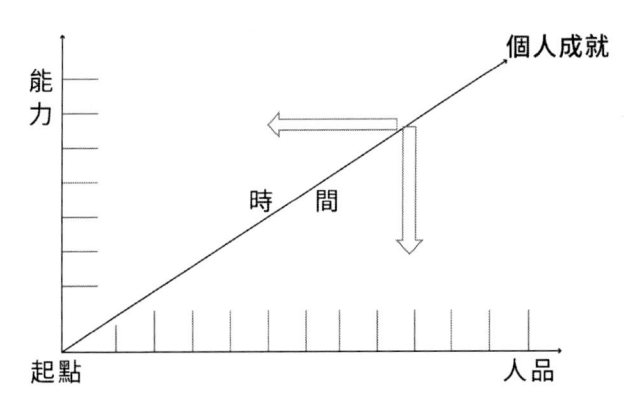

圖 3-2 人品、能力與個人成就的關係

由上圖不難看出,對初入職場的人來說,能力無疑更加重要,而隨著個人成就的成長,人品會越來越重要!換言之,能力不行,只會讓人看不上;人品不行,卻會讓人看不起。

人品與人格是共生的,一方有損,另一方也必將遭受同等的反噬。

產品等於人品,心正才能行正,行正而心自安。

第三章　有品：抵禦誘惑的品格定力

3. 欲望無底，唯有自律能擋

當被欲望控制時，你是渺小的；當被熱情激發時，你是偉大的。

―― 詹姆斯‧艾倫（James Allen）

● 不與誘惑較勁，你越較勁它越起勁

「心不動，則人不妄動，不動則不傷。」

泰國作家查‧勾吉蒂（Chart Korbjitti）曾說過：「人一旦成為欲念的奴隸，就永遠也解脫不了了。」

大概是人類特有的基因使然，未知的東西讓人恐懼，但也讓人感到好奇！就像很多膽小的人喜歡看恐怖片，即使被嚇到尖叫躲進被子，但若你提議讓他別看了，卻是萬萬沒商量的。

有一家公司的總裁準備高薪招募一名專職司機。

經過層層篩選和測試，最後只剩下三名應徵者。在最後一輪面試時，總裁問：「懸崖邊有塊金子，如果開著車過去拿，你能將車在離懸崖邊多近的距離停下來？」第一位司機說：「憑我的駕駛技術，可以把車停在距離懸崖邊三公尺遠的

地方。」第二位司機說:「你這程度不行,我有能力把車停在距離懸崖邊只有一公尺的地方。」第三位司機說:「我的技術比不上你們倆,我會盡量遠離懸崖。」最終,總裁錄取了第三位司機。

故事的表面意思是在說作為司機應該將安全放在第一位而非炫耀車技,更深層的意思卻是在表達人在面對誘惑或考驗時的正確態度。正如孔子所指出的:「知而慎行,君子不立於危牆之下,焉可等閒視之。」

需要特別強調的是,金子(誘惑)本身是無罪的,有罪的只是人在欲念支配下的貪婪。

在某部電影中,律師在開頭和結尾都說了一句相同的話:「人與動物的最大區別在於人會用火。」火,也是無罪的。當律師往被他撞到的殺手身上澆汽油,準備用火「毀屍滅跡」時,火便有了「原罪」;但當他為救人而選擇用火與盜獵幫派老大同歸於盡時,火又完成了「救贖」。

● 比危險本身更可怕的是身處險境而不自知

「當你在凝視深淵的時候,深淵也在凝視著你。」

這句被引用甚廣的名言,出自德國大思想家尼采(Nietzsche)的著作《善惡的彼岸》(*Beyond Good and Evil*),其原文直譯是:「與惡龍纏鬥過久,自身亦成為惡龍;凝視深淵過

第三章　有品：抵禦誘惑的品格定力

久，深淵將回以凝視。」讀過「屠龍少年終成惡龍」這個故事的讀者朋友都知道：人的善惡正邪其實在一念之間。

《紅與黑》(The Red and the Black)的作者司湯達(Stendhal)曾說過：「到處都充滿了偽善，至少也是招搖撞騙，甚至那些最有道德的人，以至那些最偉大的人，也是如此。」

叔本華也表示：「只要條件許可、時機成熟，人人都是想作惡的。」這也是為什麼某一天你可能會驚覺：從什麼時候開始，自己竟然活成了自己曾經最討厭的樣子。

善惡、正邪其實是可以相互轉換的。

而當你審視邪惡時，邪惡其實也像一面鏡子般不動聲色地審視著你的內心，如果你沉溺其中，是有可能被它反噬的——這當然不是說惡的力量能超過善，而是說當你並不了解惡的本質，卻臆想著自己正義在手要「替天行道」，那很可能會讓你也成為惡的一部分卻不自知。這也是為什麼如今在網路上，會有那麼多一邊高舉反網路霸凌旗號，一邊卻網路霸凌他人的人。

有時候，身處已知的險境反而能使人清醒，身處順境卻容易讓人忽視危險的存在，這才是真正的危險！

有個旅人在沙漠裡獨自行走，忽然後面來了一頭獅子。他大吃一驚，拚命向前奔跑。

3. 欲望無底，唯有自律能擋

就在快被獅子追上時，他看見前面有一口井，於是不顧一切跳了進去，但這口井裡卻有幾條昂首吐信的毒蛇。大驚之下，他胡亂伸手，正好抓住一根在井中間橫伸出來的樹根，使他沒有掉到井底。

他雖身陷進退兩難的絕境，但暫時還算是安全的。誰知他剛鬆一口氣，奇怪的異響便傳入他的耳朵。他循聲望去，發覺有一群老鼠正在啃咬著救他的樹根，這救命的樹根不久後便要被咬斷了。正當他焦急思索之時，井外樹上一處蜂巢中的蜂蜜正好向他滴下，蜂蜜的芳香甘甜讓他全然忘記身處的環境，於是他伸出舌頭，閉上眼睛，全心全意品嚐那一滴滴落在嘴邊的蜂蜜。

面對「獅子」的追趕，許多人並沒有放棄求生；面對「毒蛇」的威脅，他們也沒有忘記掙扎；甚至是面對「老鼠」的啃咬，他們依然沒有失去希望；但面對「蜂蜜」到嘴的誘惑時，他們就像被某種魔法所控制的木頭人一般，瞬間放棄了抵抗。生活中，又有多少人活成了故事中的那位旅人？

第三章　有品：抵禦誘惑的品格定力

4. 價值觀是行為的導航指南

　　擇善人而交，擇善書而讀，擇善言而聽，擇善行而從。

　　　　　　　　　　　　　　　　　　　　　　──司馬光

　　「哇，簡直價值觀崩壞。」這是生活中當大家議論到某個奇特現象時便會驚呼而出的一句話。

　　那麼，何謂價值觀？

　　價值觀通常涵括了世界觀、人生觀和價值觀，它們辯證統一，相互作用，共同決定了一個人的思想觀念和行為方式。

　　對於個體來說，內在價值觀的不同會直接導致外在行為的極大差異。比如，同樣在路邊看到一個美女，價值觀正確的人懂得「欣賞美麗」，價值觀偏差的人則有可能「見色起意」；見到路邊有個錢包，價值觀正確的人撿到後明白「君子愛財，取之有道」，於是將錢包交給警察，價值觀偏差的人則可能因貪心將錢包據為己有。

　　近年來，有個社會性話題屢屢被提及：「到底是老人變壞了，還是壞人變老了？」

每當看到關於老人的負面新聞時，筆者都不免一聲嘆息！當然，我們相信這僅是極少數老年人的個人行為，代表不了整個老年人群體。

每一個人都會老去，但願到時候，無論我們曾走過怎樣的人生，都能說出：「縱然歷盡千帆，我心仍是少年。」

第三章　有品：抵禦誘惑的品格定力

5. 設警報器，守住一顆初心

　　初心，能讓我們保持純淨；能使我們即使身陷泥淖，仍潔白無瑕。來時是赤子，歸時莫忘仍懷一顆初心。

—— 史鐵生

● 有初心就有底線，有底線就能預警

　　「不忘初心，方得始終。」

　　這句大家耳熟能詳的話，其實是佛家經典《華嚴經》中某句經文的注解。少有人知道的是，這兩句話之後還有另外兩句：初心易得，始終難守。

　　何謂初心？

　　就是一個人在最初所持有的那份最真誠、質樸，也是最珍貴的信念。

　　有時候，我們需要隨機應變；但更多時候，我們要謹守初心！其中的關鍵，就在「底線」二字。

　　君子同道、同心卻不必同行，相當程度上是因為彼此皆能尊重對方的底線；而小人恰恰相反。

人無底線，猶如情緒的烈馬失去理性的韁繩，即使跑得再快也體會不到行進的意義！

當我們對「潛在敵人和不利局勢」都做過預判，便能最大限度增強抗風險能力，從而堅定初心。換言之，當我們在心中設置好底線的警報，一旦我們的行為越界，此機制便會像火災報警器一樣在大腦中拉響。

● 外圓內方，方能從容應對意外之變

「千人有千品，萬人生萬相。」

我們在設置好風險預警機制之後，便要學會全面、客觀地理解人性，進而學會跟身邊不同性格、不同出身、不同品行的人共事。我們並不需要去研究每一個人，只是不能忘記：有時候，那些我們所熟悉的人比陌生人更能蠱惑、欺騙甚至傷害我們。

《菜根譚》有言：「無事常如有事時，提防才可以彌意外之變；有事常如無事時，鎮定方可以消局中之危。」

不流於世故又不背離人情，才能更好地保護自己不受傷害。這當然不是教你整日抱著提防之心與他人相處，但也應懂得「為人須正派但處世要圓融」的道理，即處理好人生的圓與方（見圖3-3）。

第三章　有品：抵禦誘惑的品格定力

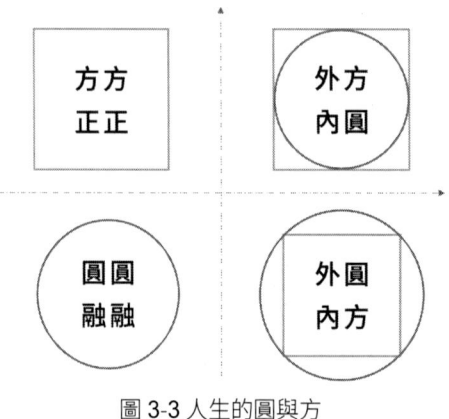

圖 3-3 人生的圓與方

精彩回顧

◎有品是做人的底線，有德則是做人的目標。

◎能力不行，只會讓人看不上；人品不行，卻會讓人看不起。

◎當你審視邪惡時，邪惡其實也像一面鏡子般不動聲色地審視著你的內心，如果你沉溺其中，是有可能被它反噬的。

◎有時候，身處已知的險境反而能使人清醒，身處順境卻容易讓人忽視危險的存在，這才是真正的危險。

◎當我們在心中設置好底線的警報，一旦我們的行為越界，此機制便會像火災報警器一樣在大腦中拉響。

第四章
有責：
勇於承擔考驗的責任感

第四章　有責：勇於承擔考驗的責任感

1.「位卑未敢忘憂國」不是大話，而是擔當

> 保國者，其君其臣肉食者謀之；保天下者，匹夫之賤與有責焉耳矣。
>
> ── 顧炎武

「天下有道，以道殉身；天下無道，以身殉道。」

2,300多年前，儒學集大成者孟子對個人與社會之間的責任關係，便有過如此精闢的論述。

每一個年輕人都應有「學成本領報國家、勇於承擔為民族」的崇高目標 ── 這絕非一句大話，而是一種擔當。一國之中，從來都只有引領者、開拓者、追隨者，而絕無旁觀者。

120多年前，近代思想家梁啟超說：「天下最可厭可憎可鄙之人，莫過於旁觀者。」他認為：「國人無一旁觀者，國雖小而必興；國人盡為旁觀者，國雖大而必亡。」梁啟超不僅從顧炎武《日知錄》中提出「天下興亡，匹夫有責」的金句，他久經傳頌的文章至今仍激勵著無數人們！每每讀來，都不由得熱血沸騰。

1.「位卑未敢忘憂國」不是大話，而是擔當

「故今日之責任，不在他人，而全在我少年。少年智則國智，少年富則國富；少年強則國強，少年獨立則國獨立；少年自由則國自由，少年進步則國進步；少年勝於歐洲，則國勝於歐洲；少年雄於地球，則國雄於地球……縱有千古，橫有八荒；前途似海，來日方長。美哉我少年中國，與天不老；壯哉我中國少年，與國無疆！」

民族、組織、家庭以及個人，共同構成了我們所身處的這一幅五彩斑斕的社會全貌。

我們當然能看到這幅圖畫中有不和諧的價值理念，比如拜金主義，但一個勇於承擔責任的人，必身懷三大信心：第一，「絕不抱怨」；第二，「永不同流」；第三，「立定志向」！唯其如此，方能做好自己，進而影響他人。

有個年輕人在國外旅遊時，發現某個小販的攤位竟然用一面自己國家的國旗作苫布，他立即上前與小販溝通，告知其國旗對於一個國家的意義，並表示不希望看到國旗出現在這樣的地方。最終，小販被年輕人打動，協助他一起把這面國旗疊好。當有人問起這件事時，年輕人如是回應：「我們的國旗不能出現在別人的棚子上，對於我們來講，國旗代表著我們的尊嚴。」

而對於希望將來能有一番作為的人來說，這種擔當更直接決定了其今後所能獲得的成就！

第四章　有責：勇於承擔考驗的責任感

再來看兩組「失敗惡性循環」與「成功正循環」的圖解（見圖 4-1）。

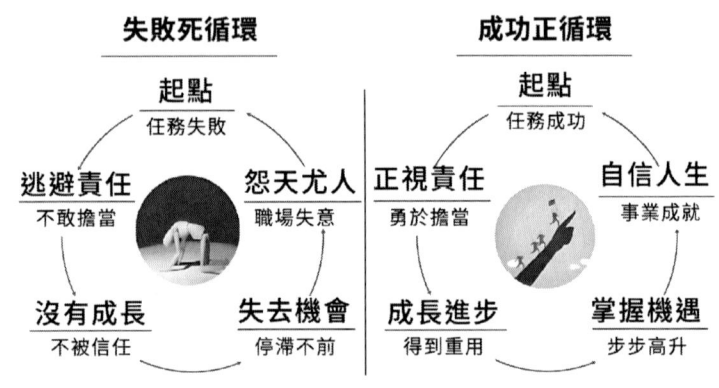

失敗死循環
- 起點　任務失敗
- 怨天尤人　職場失意
- 失去機會　停滯不前
- 沒有成長　不被信任
- 逃避責任　不敢擔當

成功正循環
- 起點　任務成功
- 自信人生　事業成就
- 掌握機遇　步步高升
- 成長進步　得到重用
- 正視責任　勇於擔當

圖 4-1 「失敗惡性循環」與「成功正循環」

哪怕平凡，哪怕弱小，哪怕活得卑微，只要你還有一顆利國利人的責任心，便能生出勇氣，這也正是讓人感受到快樂與成就感的泉源。

「只有在履行自己的義務中尋求快樂的人，才是自由生活的人。」

古羅馬哲學家西塞羅（Cicero）在 2,000 多年前說的這句話至今仍飄散著芬芳。

2. 百分百承擔錯誤是真智慧

一個人若是沒有熱情，他將一事無成，而熱情的基點正是責任心，有無責任心將決定生活、家庭、工作、學習的成功和失敗。

—— 托爾斯泰（Leo Tolstoy）

● 有錯就要認，挨打要立正

幾年前，關於「大學生誣陷乘客」的事件鬧得沸沸揚揚。

耐人尋味的是，儘管當事人最終出面道歉，校方也發布了相關處置聲明，但網友並不買帳，輿情在社交網路上久久難平，還一度出現多家企業公開抵制該校畢業生的現象。

何以至此？

這原本只是一件小事，卻在當事人對錯誤的迴避中不斷發酵，最終連累了自己的前途乃至母校的聲譽。

為什麼有些人做錯事後真誠地說一句「對不起，我錯了」那麼難呢？到底是認知出了偏差，還是放不下自己的面子？或者說害怕承擔認錯後的責任？

第四章　有責：勇於承擔考驗的責任感

筆者認為，勇於認錯，才能挽回尊嚴；主動擔責，損失方能降到最小。

1970年12月7日，時任聯邦德國總理的威利・勃蘭特（Willy Brandt）到華沙猶太人紀念碑為當年起義的犧牲者敬獻花圈。獻上花圈之後，勃蘭特後退幾步，突然神色凝重地雙膝跪在了冰冷的石階上，並為在納粹德國侵略期間的死難者默哀和懺悔。

這個未列在日程安排中的突發舉動讓他的隨同人員愣住了，周圍的波蘭官員和民眾更是被這突如其來的一幕深深震撼。各國記者在短暫驚愕之後，紛紛舉起相機，閃光燈亮成一片。

這就是具有劃時代意義的「華沙之跪」。勃蘭特向全世界證明了德國是一個勇於承認歷史錯誤的國家。

放下面子、認錯擔責，永遠比迴避更管用。

一個人若意識不到自己犯的一個個小錯，「骨牌效應」的到來就是時間問題！到那時必悔之晚矣。

● 在團隊中，從來都沒有旁觀者

正如我們在上文中提到的，一國之內沒有旁觀者；企業和團隊也是一樣，只要你還是這個團隊中的一員，你就不可能是旁觀者。

2. 百分百承擔錯誤是真智慧

我們來解析一下職場中常見的兩種情況：

(1) 假設你是某個團隊的領導者，因為你下屬的失職，客戶上門投訴。請問你有沒有責任？若有，你有怎樣的責任？為什麼？

你的答案：□沒有責任 □有責任（□全部責任 □主要責任 □連帶責任）

(2) 假設你是某個團隊的成員，因為你上級的管理不善，整個團隊被老闆處罰。請問你有沒有責任？若有，你有怎樣的責任？為什麼？

你的答案：□沒有責任 □有責任（□主要責任 □連帶責任 □其他責任）

第一種情況，領導者無疑應承擔主要責任。這有點像小孩犯了錯，責任在家長。至於員工的錯與罰，可以待客戶離開後再行處理。第二種情況，員工當然有完全正當的免責條件，但如果員工在此時站出來主動分擔一分責任──注意，只分擔一分，主要是要表達你願意與團隊共同承擔責任的態度──則將來所能收穫的回報，必定多於此時挺身而出的風險。

需要注意的是，與人分責也是有底線的，即一切以無人觸犯法律和侵害公司利益為前提。換言之，若你的上級有侵害公司利益或觸犯法律的行為，任何人為其分責都等於同流

第四章　有責：勇於承擔考驗的責任感

合汙,此時能真正展現你勇於擔責的,其實就只剩下一件事情:第一時間將其檢舉。

唯有勇於承擔最多責任且能明辨是非的人,才可能獲得更大的成就。

古往今來,英傑翹楚,概莫如是。

3. 藉口越真，傷害反而更深

一個人，如果沒空，那是因為他不想有空；一個人，如果走不開，那是因為他不想走開；一個人，對你藉口太多，那是因為不想在乎。

—— 張愛玲

「鐵肩擔道義，妙手著文章。」

當你決定擔起責任，便能想出一千種方法；當你想要逃避責任，也可以想到一千個藉口。

說起來，一個人在面對困境之時無外乎四種應對方式：找方法、找原因、找理由、找藉口（見圖 4-2），而人格魅力的顯現也恰在此時！

試想一下：假如一個團隊遇到某種突發狀況陷入混亂，這時突然有個勇敢而鎮定的人站出來平息了混亂，雖有波折但最終帶領大家走出了困境，那麼，在這個團隊成員的心中，誰最有人格魅力？

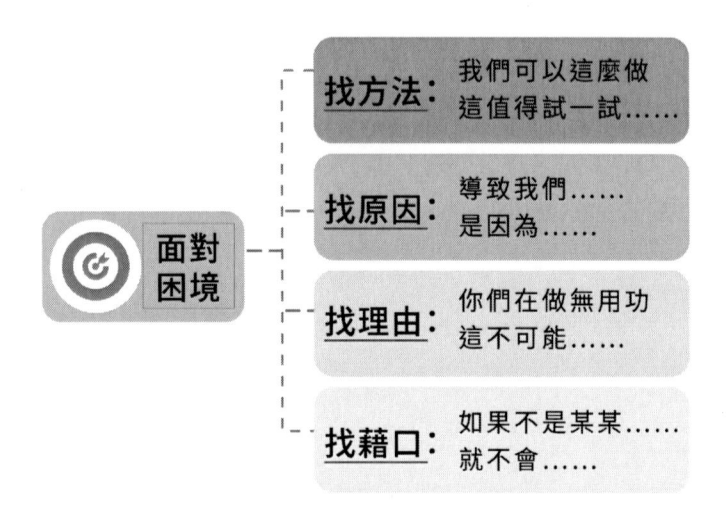

第四章　有責：勇於承擔考驗的責任感

```
                    ┌─ 找方法： 我們可以這麼做
                    │         這值得試一試……
                    │
                    ├─ 找原因： 導致我們……
         面對       │         是因為……
         困境───────┤
                    ├─ 找理由： 你們在做無用功
                    │         這不可能……
                    │
                    └─ 找藉口： 如果不是某某……
                              就不會……
```

圖 4-2 人在面對困境時的四種應對方式

　　上述四種應對方式分別對應著四種人，我們不難對這四種人做出如下判斷：

　　遇事不慌且有解決之法者，上之；無解決之法但能協助分析原因者，次之；無解決之法卻總在闡述理由者，下之；無解決之法且找藉口開溜者，下下之。

　　現在，讓我們把關注點放在後兩者身上——找理由的人和找藉口的人。通常，理由與藉口都是當事人為了擺脫不利局面、推卸責任或逃避可能的處罰想出來的。

　　所謂藉口，即當事人杜撰出來的擋箭牌，往往一眼就會被人識破，然後當事人就像洩了氣的皮球，不得不認錯認

3. 藉口越真，傷害反而更深

罰。理由則具有相當大的迷惑性，因為理由十有八九都是真實存在的，甚至是情有可原的，而我們明知當事人這是在為自己開脫卻也無從辯駁。之後，找理由者會認為自己獲得了「勝利」，更加理直氣壯；下次必然如法炮製，但是，終有一天要為自己的行為付出代價。

從這個意義上說，理由也可以被認為是藉口的升級版，也因此，藉口越真，害人也會越深。

第四章　有責：勇於承擔考驗的責任感

4. 說出盡力了，其實已放棄

要替別人找藉口，但千萬不要替自己找藉口。

—— 愛迪生（Thomas Edison）

藉口，就像一種塗了蜜糖的鴉片。

在所有的精神鴉片中，找藉口所需的成本無疑是最低的，因為張口即來；但要為此付出的代價也是最慘重的，因為可能會賠上未來。

本節，我們將著重論述職場常見藉口之一「我盡力了」這句話的危害。

我們先來看「盡力了」與「沒盡力」可能導致的結果（見圖4-3）。

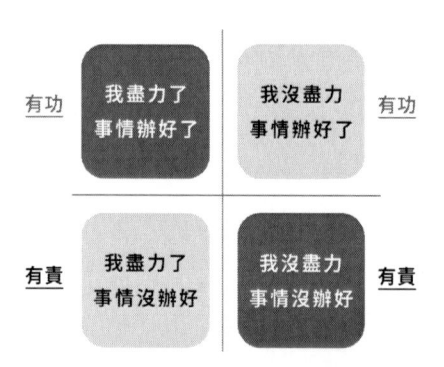

	有功	有功
	我盡力了 事情辦好了	我沒盡力 事情辦好了
	我盡力了 事情沒辦好	我沒盡力 事情沒辦好
	有責	有責

圖4-3 「盡力了」與「沒盡力」可能導致的結果

4. 說出盡力了，其實已放棄

對上圖進行深度分析後，我們可以推導出至少四點結論：

第一，作為某件事或任務的當事人，做好了有功、沒做好有責，這一點沒什麼可辯駁的。

第二，面對整個過程，用盡全力是一種負責任的態度；面對結果，同樣需要這種態度。

第三，盡力是對過程的負責而不是事後的語言表達，沒功勞時不說苦勞，沒苦勞也不秀疲勞。

第四，最重要的一點：一旦你在內心認定已經盡力，便會停止所有努力和嘗試。

當結果不好時你說盡力了，請問你的盡力比得過醫生救治病人的盡力程度嗎？即使如醫生那樣盡力，醫療糾紛還時有發生，那憑什麼你的一句「盡力了」就想得到別人的理解或寬慰？若你問心無愧，又為什麼還要告訴別人你有多盡力？你是怕被別人誤解，還是害怕承擔後果？

對有志者而言，須謹慎使用「我盡力了」！因為一旦認定自己已盡力，你可能就不會再做任何努力，而一切的結果也將止步於此。

有時候，事物的發展形勢並非一成不變的，今天解決不了的問題，不代表明天也解決不了；今天做不到的事，不代表明天還做不到。與其認定自己已盡力，不如說還需要等待時機。

第四章　有責：勇於承擔考驗的責任感

● 「我盡力了」的特殊用法：

其實，只要換一種語境，「我盡力了」就不再是藉口，反而會變得很有溫度。

當其他人對我們，或者我們對其他人使用「你已經盡力了，別太難過了」、「他真的盡力了，請不要再指責他」時，都會產生很好的安慰效果，但唯獨不適合對自己使用。

5. 每個人僅有一次「我以為」的機會

那些帶給他人不幸的人都有一個共同的藉口，那就是他們的出發點是好的。

—— 沃韋納格（Luc de Clapiers Vauvenargues）

有些藉口，在年少時說是天真，成年之後再說就是幼稚了。

就比如，「我以為」。

「我以為」這個藉口，用在生活和工作這兩種場合所產生的影響是完全不同的，用在生活中可能無關痛癢，用在工作中則可能會引起驚濤駭浪。

比如穿衣服，在家中你愛穿什麼就穿什麼，但在公共場合穿著就要得體，並且不能違背公序良俗，否則很有可能貸給自己無謂的煩惱。穿衣、吃飯、說話、做事均是如此：當你和閨密一起吃飯時，吃什麼都是在享受美食；而當你宴請客戶時，吃什麼都是在應酬。

小麗是一家公司的資深銷售業務，這天她約一個跟進許久的客戶來公司洽談合作。經過溝通，雙方基本達成合作意向，只是對於一些細節尚需溝通。這時，已到用餐時間，小

第四章　有責：勇於承擔考驗的責任感

麗便提議跟客戶一起吃飯後再接著談。但就是這頓午飯，讓小麗失去了這一單。

原來，她安排的那家餐廳因為樓上在裝修，噪音特別大，不得已又換到另外一家，卻因正值用餐的人多讓客戶等了半個小時，影響了客戶下午的行程。這讓客戶對小麗的辦事能力有所懷疑，偏偏小麗的競爭對手在此時也聯絡上了該客戶，該客戶於是以考慮一下為由結束了本次洽談，最終選擇與小麗的競爭對手公司合作。

面對經理的責備，小麗委屈地說：「我以為……」

如果用這個詞造句的話，請你幫小麗把她「我以為」後面的話補齊，猜猜她會說些什麼。

小麗做錯什麼了嗎？貌似沒有。但作為一名資深銷售業務，重點不在於她做錯了什麼，而在於她做對了什麼、做好了什麼。沒有犯錯並不意味著做對，更不等於做好，職場很複雜，也很微妙。

為什麼在職場中大家都不願意聽到「我以為」這三個字，尤其是老員工和管理者？原因就在於當事人主觀「我以為」的那個結果，往往與客觀事實的走向相悖！初入職場的人可以用「我以為」來當藉口，但資深老員工不可以；員工可以「我以為」，但管理者不可以；孩子可以「我以為」，但為人父母不可以……一個人第一次犯錯，可以被理解為「不知道」，第

二次犯錯可以叫做「不小心」，第三次犯錯就是「故意」了。就像你第一天上班說因為塞車遲到了，第二天遲到就不能再拿這個理由說事！

「我以為」可以繼續延伸下去：

我以為→我不知道→我不反省→我什麼也不會→我什麼也不是

● 「我以為」的特殊用法：

但凡在字典中能查到的每一個字、每一個詞語，都有它的用武之地，「我以為」也是如此。「我以為」用在追責之時，便是在找藉口，但用於一個人的自我對話時，卻是一種反思、一種自我反省。比如：「我一直以為⋯⋯原來⋯⋯」

第四章　有責：勇於承擔考驗的責任感

6. 忙到忘了事，其實根本不在意

> 為失策找理由，反而使該失策更明顯。
> ——莎士比亞（William Shakespeare）

忙，只是一種托詞，沒放在心上才是事實。

先來看下列情景：

假設你或你的孩子明天參加升學考試，請問前一天晚上你會做些什麼？會再次檢查孩子書包裡的文具和准考證嗎？又假設，你明天要坐高鐵到某地出差，你會用地圖先查詢路程遠近並計算路上所需的時間嗎？再比如，當你和家人準備出外旅遊，你會提前做好計畫並確認往返的行程嗎？

……

我們對以上這些問題的答案，說明一個事實：但凡對我們來說重要的事項，我們從來都不會忘記。

你希望別人認為他們交給你的事情你都沒有放在心上嗎？如果不想，一句脫口而出的「我太忙給忘了」除了讓別人覺得你「貴人多忘事」，還能為你帶來什麼好處呢？

6. 忙到忘了事，其實根本不在意

當然，有時候我們也並非真的忘了，可能只是單純比較忙，但無論哪種情況，因為「忙忘了」而失信於人都會對別人造成傷害（見圖 4-4），而接下來能做的，便是如前文「有信」中提到的去盡力彌補。

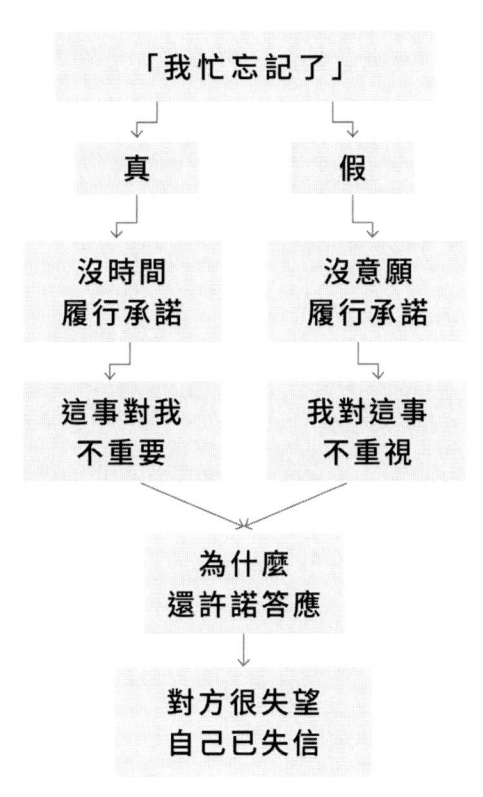

```
         「我忙忘記了」
          ↙      ↘
         真        假
         ↓         ↓
      沒時間     沒意願
      履行承諾   履行承諾
         ↓         ↓
      這事對我   我對這事
      不重要     不重視
          ↘      ↙
         為什麼
         還許諾答應
           ↓
         對方很失望
         自己已失信
```

圖 4-4 因「我忙忘了」失信造成的後果

第四章　有責：勇於承擔考驗的責任感

7. 凡事只求利己，終將失去未來

一個人的生命應該這樣度過：

當他回首往事的時候，不因虛度年華而悔恨，也不因碌碌無為而羞愧。這樣在臨死的時候，他才能夠說：「我的生命和全部的精力都獻給世界上最壯麗的事業 —— 為人類的自由而抗爭。」

── 奧斯特洛夫斯基（Nikolai Ostrovsky）

近年來，批判「精緻利己主義者」的聲音此起彼伏。

這種批判有道理嗎？

從法律層面上看，無論是「拜金主義者」還是「精緻利己主義者」，都沒有觸犯法律。換言之，這壓根就不是一個法律範疇內的問題。既如此，為何這些人還會被一再聲討？在法治時代，公民不是「法無禁止即可為」嗎？

某大學刑事司法學院教授在一次節目中曾表達過這樣一個觀點：「如果一個人總是標榜自己遵紀守法，那麼這個人完全可能是個人渣。」

須知，法律對個人只是底線要求，職位越高，應肩負的責任越大，道德底線也應越高，這便是「欲戴王冠，必承其

重」。責、權、利、義,從來都是相互制衡的。於是,當一個人身處高位卻極度自私偏偏又沒有違法時,便會遭到批判。

北宋政治家司馬光的《資治通鑑》有言:「才德全盡謂之聖人,才德兼亡謂之愚人,德勝才謂之君子,才勝德謂之小人。」

遺憾的是,無論是聖人、愚人、君子、小人,「精緻利己主義者」都不在其列。嚴格來說,這些人甚至不屬於偽君子。

因為他們僅僅是聰明到極點,卻又自私到極致。

這也不關你的事、那也不關你的事,那當意外來時關誰的事?

2008 年,在震驚全球的大地震現場,發生了許多感人至深、催人淚下的真實故事,其中便有一位老師的英雄事蹟。

那一天,地震摧毀小學只用了短短 12 秒!而當救援人員搬開垮塌的教學大樓一角時,對眼前的一幕感到驚訝不已:數學老師跪撲在廢墟中,雙臂緊緊摟著兩個孩子,像一隻展翅欲飛的雄鷹!兩個孩子還有生命徵象,而「雄鷹」已經氣絕。因為緊抱孩子的手臂已經僵硬,救援人員只能含淚將數學老師的手臂鋸掉才把孩子救出來。這位平凡的教師,在突發的災難面前展現了人性最閃亮的光輝。

至於那位在危難時刻拋棄全班學生自己奔逃的老師,從那一刻起,就注定要失去作為老師的資格及榮譽。他事後的

第四章　有責：勇於承擔考驗的責任感

詭辯，更帶給他無法抹去的汙點。

正如一位詩人的經典名言：「有的人死了，他還活著；有的人活著，他已經死了。」

事實上，自私是人之常情，但不能太過，否則將反噬自身。比如，當國難來臨之時，凡是國人應無一旁觀者──有錢則出錢以資軍糧，有力則出力報效國家，即使不能親自上陣殺敵，也應在力所能及的範圍之內為國分憂。若有人有能力付出卻不願承擔責任，那就難逃人們的譴責了！需要注意的是，這絕非道德綁架。在後文中我們將詳述道德綁架相關內容。

反之，若你能在第一時間勇敢站出來為公共利益發聲，在力所能及的範圍內挑起自己的一份責任，那麼不僅能為化解危機出一分力，還能贏得人們的尊敬！

「滄海橫流，方顯英雄本色；驚濤拍岸，才見中流砥柱。」

8.「我就是這樣」，是傲慢的表現

即使是最深刻的言論，如果一個人說的時候態度粗暴、傲慢或者吵吵嚷嚷，即使是在辯論上獲得了勝利，在別人心目中也難以留下好印象。

—— 約翰・洛克（John Locke）

「謙虛使人進步，驕傲使人落後。」

這是我們剛進入學堂之時，老師對我們的諄諄教誨。

但不知從什麼時候起，我們與謙虛漸行漸遠，卻與傲慢形影不離。假設這個世界上每個人都以「我這人就這樣」的傲慢姿態與人對話，那人與人之間的溝通將無法進行下去。

從表現形式上來說，「我這人就這樣」與本章前面提到的其他藉口稍有不同 —— 這句彰顯傲慢的藉口可以用一句話、一種行為，甚至是一個眼神表現出來。越是權威人士、越是能力突出的人，越容易因這個藉口被詬病！你敢想像一個初出茅廬的年輕人，動輒便以這副口吻與人交談嗎？

人生路漫長而不易走，我們應當竭力發自己的光，但即使自己的光再亮，也不要去熄滅別人的燈。

第四章　有責：勇於承擔考驗的責任感

　　幾年前，歌手 A 一首直擊人心的歌曲在網路上爆紅。據悉，這首歌在半個多月內播放量就突破 100 億次，且迅速被改編成各種版本，各家媒體也紛紛給予評論，轟動一時。

　　而與此同時，歌手 B 卻陷入了被網友們「集體討伐」的聲浪之中。為何會這樣？這與她多年前擔任評審時對歌手 A 的評價不無關係，一句歌手 A 的歌曲「不具備審美觀點」盡顯傲慢與偏見，也讓無數歌迷難以釋懷。

　　傲慢一時爽，卻不會一直爽。當一個人心中傲慢的種子開始滋長時，也是他的成就下滑的開始。

　　在職場中，有兩個名詞很有意思：「老鳥」和「地頭蛇」。

　　這兩個詞代表職場中的兩大群體，他們經驗豐富、能力出眾，但「老鳥」磨滅了熱情，「地頭蛇」缺少大局觀。他們都具備一種傲慢的特質，即「我這人就這樣」。只要條件允許，這兩種人都會被人替代。我們根據態度、能力、經驗、價值觀念，把人才分為可培養、可重用、可使用、可淘汰四種類型（見圖 4-5）。

8.「我就是這樣」，是傲慢的表現

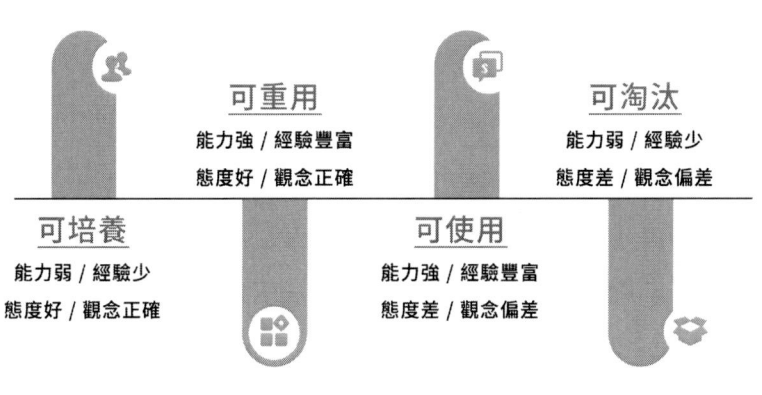

可重用
能力強 / 經驗豐富
態度好 / 觀念正確

可淘汰
能力弱 / 經驗少
態度差 / 觀念偏差

可培養
能力弱 / 經驗少
態度好 / 觀念正確

可使用
能力強 / 經驗豐富
態度差 / 觀念偏差

圖 4-5 人才的四種類型

所有志向遠大和敬畏人性的有識者，斷不會恃強凌弱，他們有獨具匠心的見解、有照亮自己也允許別人發光的謙虛，往往能贏得眾人甚至是對手的尊重與佩服。

第四章　有責：勇於承擔考驗的責任感

9. 你的缺點不會因辭職消失

凡在小事上對真理持輕率態度的人，在大事上也是不足信的。

—— 愛因斯坦

「勇者憤怒，抽刀向更強者；怯者憤怒，卻抽刀向更弱者。」

所有能擔得起「勇敢」二字的人，都是在困難面前毫不氣餒、在危險來臨時也願意挺身而出的人！一如新冠肺炎疫情時，毅然從各地逆行至疫區的醫務工作者們，他們與一遇危難就「一走了之」的弱者形成鮮明對比。

一個人動不動就說「大不了不做了」，除了證明自身的衝動、逃避以及外強中乾，還有什麼用呢？儘管每個人都有自己不得已的苦衷。

在此，筆者提出以下 3 點建議，供有過這類想法的讀者朋友參考：

(1) 善始善終是目標，有始有終是底線

有始有終和善始善終是我們下一章「有恆」中的內容，這裡稍稍講一下。

9. 你的缺點不會因辭職消失

我的恩師李老師有一個做事的「鑽井法則」：1公尺寬，1,000公尺深甚至10,000公尺深。每個人終其一生所能選擇的行業寬度是有限的，若輕易選擇，淺嘗輒止，必然難以挖到豐盛的「石油」！唯有十年磨一劍的工匠精神，才能工夫到而石油出，這就是有始有終；若認定此地不是你的「產油區」，也應盡職盡責站好最後一班崗，完成交接，讓你的老闆有所準備。

回想一下，在你當初應徵的履歷上，自我評價那一欄是不是把自己誇得跟朵花一樣！既然別人給予了你信任與機會，那即使是走，也應當讓前老闆留下言行如一的良好印象，也為自己留下一段美好回憶，是謂善始善終。一本書中說：「每一個離開公司的員工，都會感謝公司的好；而每一個批准我們離開的老闆，也會感念我們的好。」

古語說：「君子絕交，不出惡語；忠臣去國，不汙其名。」在時彼此歡喜，走後被人想念，不是很好嗎？

(2) 永遠別在衝動時做決定

《孫子兵法》說：「主不可以怒而興師，將不可以慍而致戰；合於利而動，不合於利而止。怒可以復喜，慍可以復悅；亡國不可以復存，死者不可以復生。故明君慎之，良將警之。」

翻開世界歷史可知，古往今來在衝動下做決定而導致慘

第四章　有責：勇於承擔考驗的責任感

痛教訓的人不可勝數。

在《三國演義》中，一代梟雄曹操將專程從西川來向他進獻地圖的張松暴打一頓趕走，最終成全了劉備入川；劉備，從織蓆販履到蜀漢開國皇帝的人生堪稱傳奇，晚年卻因報歇業之仇不顧眾人勸阻，最後在夷陵兵敗身死，蜀漢自此一蹶不振。

近代法國，當拿破崙（Napoleon Bonaparte）得知塔列朗（Charles Maurice de Talleyrand-Périgord）密謀造反時失態咆哮，而塔列朗則泰然自若，這使拿破崙在法國人民心中的威望降低了；近代俄國，處於創作巔峰時期的天才詩人普希金（Alexander Pushkin）因憤怒與情敵丹特斯（Georges-Charles de Heecheren d'Anthès）決鬥，最終慘死在對方的槍下⋯⋯

年少時，我們都曾憧憬過「依風飄四海，仗劍走天涯」的快意恩仇，也喜歡「來一場說走就走的旅行」的自由灑脫，更嚮往一份隨意任性⋯⋯但是，現實生活除了琴棋書畫詩酒花，還有柴米油鹽醬醋茶，千萬不要因一時衝動毀了原本美好的人生。

有衝動，便有懲罰；有惱怒，必有懊悔。

(3) 承認錯的、堅持對的、校正偏的，這才叫成熟

一個心智成熟、目光長遠的人，面對潛在的問題、錯誤及風險，必須要有清楚的認知、判斷，然後才能避險止損。

9. 你的缺點不會因辭職消失

大多數時候，當我們用「大不了不做了」來發洩心中的不滿情緒時，其實是在無意中把自己置於「受害者」的錯誤位置，這不僅對事情的結果無益，還容易連累他人，進而損害自己的聲譽。每個人都像團隊裡的一個螺絲或者機器零件，你突然撒手不管勢必會影響計畫的整體進展，繼而影響更多人對你的信任。

另一個更加慘痛的真相是：職場受害者這頂帽子戴得久了，漸漸就會變成弱者的代名詞。青春正年少，我們當然有「此處不留爺，自有留爺處」的底氣和本錢，但問題是，即使一走了之又能如何？你自身的問題和缺點就這樣消失了嗎？掩耳盜鈴式的「鴕鳥思維」對我們不會有任何益處。

因為每到一處，你總會發現有讓你不舒服的人、讓你看不順眼的事，怎麼辦？繼續玩一走了之的遊戲嗎？你還剩下多少青春可供揮霍呢？

身在福中不知福、犯了錯誤不知錯、明知有錯不敢認、知道錯誤不能改。這不正是每個職場人士應當警醒的「四大悲」嗎？

精彩回顧

◎勇於認錯，才能挽回尊嚴；主動擔責，損失方能降到最小。

第四章　有責：勇於承擔考驗的責任感

◎一旦認定自己已盡力，你可能就不會再做任何努力，而一切的結果也將止步於此。

◎法律對個人只是底線要求，職位越高，應肩負的責任越大道德底線也應越高。

◎當一個人心中傲慢的種子開始滋長時，也是他的成就下滑的開始。

◎我們應當竭力發自己的光，但即使自己的光再亮，也不要去熄滅別人的燈。

◎一個心智成熟、目光長遠的人，面對潛在的問題、錯誤及風險，必須要有清楚的認知、判斷，然後才能避險止損。

第五章
有恆：
堅韌不拔的信念持續力

第五章　有恆：堅韌不拔的信念持續力

1. 真正堅持者從不掛在嘴邊

身如逆流船，心比鐵石堅；
望父全兒志，至死不怕難。

―― 李時珍

● 堅守比堅持更具持之以恆的力量

「天下無難事，有志者成之；天下無易事，有恆者得之。」

堅持確屬可貴品德，也是一種難得的精神！但也正因如此，我們才更不能以自己能堅持而沾沾自喜，否則便容易陷入毫無價值的自我感動之中。

比如，你以前懶散慣了，每次制定的清晨跑步計畫都堅持不了三天，但這次你竟然堅持了一個星期。這種進步當然值得肯定，於是你為自己的堅持感動不已，覺得自己為此付出了好多―― 儘管只有一個星期。然而你不知道的是，對那些優秀的人而言，一年四季晨跑不過是他們的習慣，你自以為的堅持和自我感動，在自律者眼中根本就不值一提。

1. 真正堅持者從不掛在嘴邊

比堅持更有力量的,是堅守。

之所以能堅持,是因為相信自己能夠等到勝利的那一刻;能堅守,則是因為知道自己正在做一件正確且有意義的事情,哪怕為此付出再多也堅定不移。

經常將「堅持」二字掛在嘴邊自我激勵的人,可能早晚會被打回原形!這是因為,需要堅持的外界環境往往不夠友善,而咬牙堅持的過程又是備受煎熬的。當內在堅持與外界現實的這種拉鋸和對抗超過自身所能承受的臨界點,卻依然沒能得到自己想要的結果時,你的內心會像一個皮球一樣瞬間洩氣,並且再也不想經歷那種煎熬。

筆者敬重的一位前主管,曾在公司晨會上這樣告誡銷售團隊:任何工作都有意義和樂趣,而你要做的便是找到這種意義和樂趣,這樣才不會靠堅持才能做好一份工作。

事實上,與堅持卻沒能達成目標同樣可怕的是:目標在堅持中達成了!許多人在追求目標的路上感到很充實,但完成目標後卻倍感空虛和迷茫。

咬牙堅持的過程是痛苦、難受的,但堅定守護的內心卻是泰然自若的!這種心態就像清代書畫家鄭板橋的名作〈竹石〉所描述的:「咬定青山不放鬆,立根原在破岩中。千磨萬擊還堅勁,任爾東西南北風。」

第五章　有恆：堅韌不拔的信念持續力

● 職場堅持以年為單位，事業堅守以十年為單位

曾經，在很長的一段時間裡，筆者都在反覆問自己這樣一個問題：「為什麼有些能力不如我的同事，在公司的職位卻都超過了我？」

筆者的第一份工作在某網路科技公司，第二份工作在知名大型搜尋引擎公司，並且在這兩家企業都在第一年就完成了從業務員到主管再到部門經理的角色轉變，這個晉升速度不可謂不快，但或許正因為快，讓我的心漸漸開始飄了！

我在那家搜尋引擎公司待了兩年零七個月，當時的我不知為何總有一種被埋沒的感覺，於是在順風順水的情況下不顧主管的挽留毅然離開，開始了首次創業，卻沒想到首戰折戟……直到後來，我輾轉進入某行動教育科技公司，並下定決心要將教育培訓行業作為自己從事的最後一個行業。也就是在那一刻，我才領悟了恆心的重要性。

若你認為自己在做一份工作，那麼職場堅持是以年為單位的；若你認為自己在做一份事業，那麼事業堅守是以十年為單位的。

唯有十年磨一劍的工匠精神，才配得上「堅守」二字。

事實上，在以結果為導向的企業工作，是不存在熬資歷這一說法的，尤其是行銷與行銷管理職，一年不間斷的業績比賽非常磨練人，也非常能成就人。

1. 真正堅持者從不掛在嘴邊

　　但無論你選擇了前端還是後勤，也不管你在做管理還是技術，真正把工作做到最好的人都能贏得他人的尊敬與欣賞，這也意味著你已經明白工作中的堅持與堅守之道！

　　慎終如始，必見花開。

第五章　有恆：堅韌不拔的信念持續力

2. 眼光正確，才能避免焦躁

不要對一切都以不信任的眼光看待，但要謹慎而堅定。

── 德謨克利特（Democritus）

● 努力選擇，選擇才能大於努力

很多人認為，選擇大於努力。

這話正確，但不完整。

我們並非要在選擇後才開始認真與努力，而是要在一開始就認真努力地去做選擇。

在人生一些重大事項上，如何才能做出最明智的選擇？又如何確定自己的選擇是最適合自己的？比如：你考完大學後報什麼樣的志願？就業時該選什麼樣的方向？工作要找什麼樣的公司？結婚要選什麼樣的伴侶？定居要在什麼樣的城市？……美國著名社會心理學家巴里・施瓦茨（Barry Schwartz）在《選擇的悖論》（*The Paradox of Choice: Why More Is Less*）一書中有這樣一段話：「你的行為，其實不完全由你決定，而是受到了很多看不見的因素的操控。」

電影《亂世佳人》（*Gone with the Wind*）的編劇西德尼・霍

華德（Sidney Howard）也有一句建議：「你若想要明白自己需要什麼，就先要明白自己必須放棄什麼。」

這不由得讓人想起那頗具哲學意味的靈魂三問：你是誰？你從哪裡來？你要到哪裡去？

在物質匱乏的過去，沒有太多選擇的人們幸福指數反而更高。在資訊時代，我們的選擇多得就像購物中心裡的商品，而有「選擇恐懼症」的人卻與日俱增——選擇的過程充滿糾結，好不容易做出選擇，卻又莫名感到不安，甚至還會懷疑人生。

參加過西式婚禮的朋友都看過新人宣誓的一幕，誓詞中使用最多的一個版本是：「你是否願意迎娶／嫁給面前的這位……無論今後貧窮還是富貴，健康還是疾病，你都……」然後兩位新人都會信心滿滿地回答三個字：「我願意。」

這種信心與底氣從何而來？愛情的誓言可靠嗎？為什麼有些夫妻能白首不分離，有些夫妻卻最終分道揚鑣？讓我們先把個人自由與權利、婚姻神聖與莊嚴等暫時放下，現在就問一個問題：那個人、那件事，你真的是認準之後才做出的決定嗎？

當你在內心認準某個人，才會下決心餘生與其禍福同行、甘苦與共；也唯有當你認定了某件事，才能潛心篤志、無怨無悔地去做。

第五章　有恆：堅韌不拔的信念持續力

　　從職場來說，比如，離你家很近、專業也對口的公司，偏偏薪水比較低；而那家薪水高福利好距離適中的公司，則又要加班又經常出差；另一家薪水既高且不用出差的公司，偏偏距離你家很遠；終於有一家各方面都令你很滿意的公司，偏偏對學歷和經驗的要求又很高……

　　選擇工作是如此，選擇愛情又何嘗不是如此？

　　「弱水三千，只取一瓢飲；繁華三千，只為一人飲盡悲歡。」

　　面對重大選擇，很多人會不知所措，就連倉央嘉措那樣睿智的「活佛」都發出感嘆：「世間安得雙全法，不負如來不負卿。」

● 第一次就做對選擇的祕訣

　　「善戰者無赫赫之功，善醫者無煌煌之名。」

　　這是因為，他們在事件處於起點狀態時就準確預判了事件的走向，並積極採取措施成功使事件免於發生。雖然這一過程並不轟轟烈烈，卻以最小的成本實現了防患於未然。

　　當各式各樣的選項同時擺在你眼前時，唯有站到高於事件的位置俯瞰這一切，也就是跳出圈外回看圈內，才能避免患得患失，緊盯住那個對未來最為重要的選項！如此，我們

就可以果斷拒絕利益的誘惑，在「兩害相較取其輕，兩利相權取其重」中擇其一。

「零缺陷」理論提出者菲利普・克勞司比（Philip B.Crosby）認為：「第一次就能把事情做對。」

《杜拉克談高效能的 5 個習慣》（*The Effective Executive*）一書的作者彼得・杜拉克（Peter Drucker）也提倡：「要做正確的事，正確地做事，把事情做正確。」

筆者有兩位好友：杜盼盼、何鋒。杜盼盼在第一份工作時便選擇了某知名搜尋平臺企業，至今已服務滿 16 年；何鋒則投入一家電商龍頭企業，也恰好走過了 16 個年頭；而筆者的另一位老主管郝珊麗，將她人生第一份履歷投在了行動教育，至今已工作 14 年──他們身上的共同特點就是：都是從銷售人員做起，現在都帶領著近百人的團隊，而他們的幸福指數也比大多數職場人士都高。

下面給有「選擇恐懼症」的職場朋友一張選擇象限圖，分別從重要、迫切、喜歡、擅長這四個方面進行分析（見圖 5-1）。

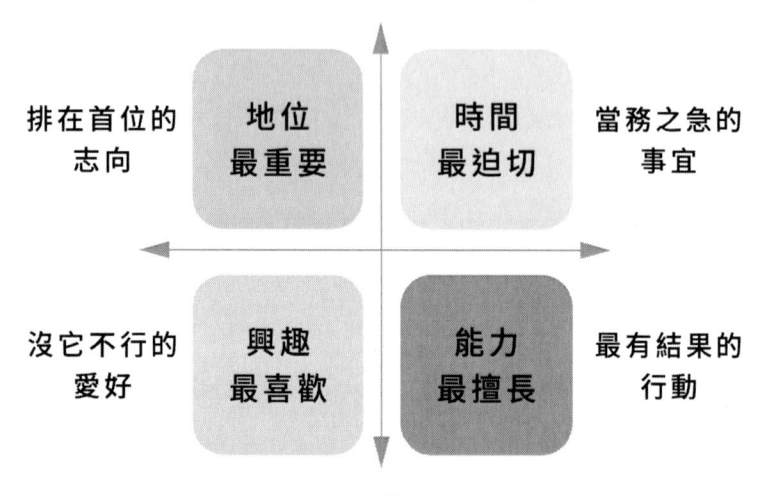

第五章　有恆：堅韌不拔的信念持續力

排在首位的志向	**地位最重要**	**時間最迫切**	當務之急的事宜
沒它不行的愛好	**興趣最喜歡**	**能力最擅長**	最有結果的行動

圖 5-1 選擇象限圖

真正優秀的人，清楚什麼才是自己的最愛，並能摒棄雜念、拒絕貪婪，潛心篤志在自己認定的領域交出一份份最好的成績單。

倘若你藉助上圖的分析結果仍難以做出取捨，筆者這裡還有一個聽上去玄妙卻又很靈驗的選擇方法——拋硬幣，兩面分別代表不同的選擇。但其實，當你閉上眼睛丟擲硬幣的那一剎那，你的內心深處就已經有了答案。

大道至簡，無論何時我們都可以堅信的是：未來的路，心安即可到達。

3. 拖延是毒，果斷是唯一解藥

拖延是一種誘惑，它會消磨你的時間，降低你對工作、學習的興趣，逐漸削弱你的計畫性和積極性。

—— 威廉・尼爾森（William Allan Neilson）

● 拖延在特定場合有積極作用

天地分陰陽，萬物存兩面。

說起來，拖延也是有一些正面作用的。

比如說，避免衝動，即所謂「謀定而後動」。若你剛接到某個任務便急於展開行動，很可能會偏離方向，但在你有意拖延的這段時間裡，大腦會不斷思索，很可能會想到這件事情的關鍵竅門。

再比如，拖延享受，即所謂「延遲滿足感」。與虛擬世界中的即時獎勵機制不同，在現實世界中，為了更有價值的長遠結果，你要放棄即時滿足的選擇。當你甘願為更有價值的目標而延遲自我滿足時，你將獲得因專注於長遠利益而對眼前誘惑說「不」的能力。

1960年代，美國史丹佛大學心理學教授沃爾特・米歇爾

第五章　有恆：堅韌不拔的信念持續力

（Walter Mischel）曾對 600 多名幼稚園兒童進行過著名的「延遲滿足感」試驗，並持續追蹤實驗對象長達 25 年。結果顯示，延遲滿足能力越強，自我控制能力、意志力也越強，因而越容易在工作、學習中獲得成功。

甚至，拖延還能作為一種成功、有效的戰術廣泛應用於商業談判、競技比賽以及各種賽局之中，是謂「以靜制動、以拖待變」。

這就有點像嗎啡，當它被當作藥物使用時，友善得像個天使；當它被當作毒品使用時，又邪惡得像個魔鬼。換言之，醫生替你打一針嗎啡，這是在治病；你替自己打了一針嗎啡，你就是在吸毒。拖延也是一樣，當你將它作為一種工具去使用，你就是駕馭它的主人；當你被拖延牽著鼻子走時，你就成了它的奴隸。

因此，我們切不可被拖延牽著鼻子走，成為喪失抵抗力的俘虜。

● 你是否經歷過如下情境：

‧當早上的第一遍鬧鈴響起時，你一看才 6 點，就想再小睡 10 分鐘，結果這一小睡便是 40 分鐘，於是一陣盥洗急忙趕到公司，才發現不是忘了帶錢包就是忘了拿電腦。

‧你預定了某一時間的高鐵票到外地出差，覺得時間足

夠便拖拖拉拉到必須出發的那一刻才動身,卻沒想到路上塞車,等你趕到火車站時已晚了 30 分鐘。

‧你制定了長期健身計畫,還細分到了每一天,但一個月下來,面對不曾執行過幾次的健身計畫,你開始了自我懷疑甚至自我否定。

……

往小處說,一次拖延損失的是一次信任;往大處說,拖延導致的過錯可能會影響一生。

● 將大目標拆解成若干小目標,並設倒數計時每日提醒

「合抱之木,生於毫末;九層之臺,起於累土;千里之行,始於足下。」

這句話源自老子集畢生智慧寫成的經典著作《道德經》。這句話向我們揭示了一個質樸卻又真實有效的道理:「路雖遠,行則將至;事雖難,做則必成,這便是大道至簡。」

假如你想種一棵樹,最好的時間是 10 年前,其次就是現在。

有幾句似是而非的「名言」極易讓人誤入歧途,筆者一直認為在引用時應注意區分。比如「改變任何時候都不晚」、「一切都是最好的安排」等等。改變真的任何時候都不晚嗎?既

第五章　有恆：堅韌不拔的信念持續力

然如此，那一年後再改變？不，不，希望可以留在明天，然而行動卻必須落在今天！若一切都是最好的安排，那豈不是成了每天躺平擺爛的護身符？顯然事實並非如此。唯有從這一刻先下定精進的決心，未來的一切對你而言才會是最好的安排。

筆者還記得，幾年前準備寫第一本書《職場精進》時，完全無處下手！直到對現狀「受夠了」的我採用了拆解目標和倒數計時的方法，才開始動筆。

筆者以 364 天為底線、以每天在 Word 上至少創作 1 頁為目標，然後每天在社交平臺（見圖 5-2）用倒數計時自我鞭策與提醒……就這樣，11 個月之後，精修後依然有 17 萬字的手稿終於正式交給出版社。

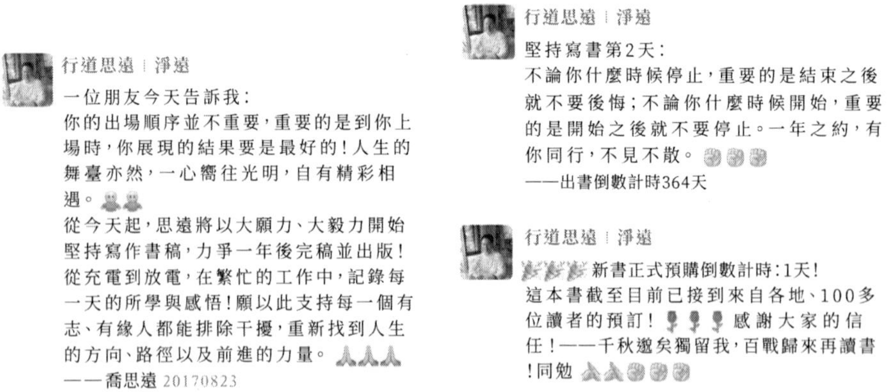

行道思遠｜淨遠
一位朋友今天告訴我：
你的出場順序並不重要，重要的是到你上場時，你展現的結果要是最好的！人生的舞臺亦然，一心嚮往光明，自有精彩相遇。
從今天起，思遠將以大願力、大毅力開始堅持寫作書稿，力爭一年後完稿並出版！從充電到放電，在繁忙的工作中，記錄每一天的所學與感悟！願以此支持每一個有志、有緣人都能排除干擾，重新找到人生的方向、路徑以及前進的力量。
——喬思遠 20170823

行道思遠｜淨遠
堅持寫書第2天：
不論你什麼時候停止，重要的是結束之後就不要後悔；不論你什麼時候開始，重要的是開始之後就不要停止。一年之約，有你同行，不見不散。
——出書倒數計時364天

行道思遠｜淨遠
新書正式預購倒數計時：1天！
這本書截至目前已接到來自各地、100多位讀者的預訂！感謝大家的信任！——千秋邈矣獨留我，百戰歸來再讀書！同勉

圖 5-2 筆者在社交平臺進行倒數計時截圖

● 與優秀者同頻共振，讓意志力生而不息

今天，是一個「船到中游浪更急、行至半山路更陡」的超競爭時代，可以說競爭無處不在！如此，我們又怎能單靠個人的意志力在浪潮中航行呢？

在心理學上，有一個現象叫「心流狀態」，即將個人精神力完全投入到某種活動上，達到極度專注和投入的狀態。進入這種狀態的人表示其正處於意志力最強的時刻，此時做任何事情都能胸有成竹、無往不利。有相當一部分職業族群非常需要心流狀態，如領導者、藝術家、作家等。筆者由於寫書的原因，對這種狀態也多有體會，在寫作過程中會渾然不覺時間的流逝與周圍人事的變化，而當一篇文章寫完之後才猛然發現幾個小時過去了。

然而心流狀態對個人意志力造成的損耗也是龐大的，恢復意志力最好的方式莫過於：向上對話、向下思考、向內覺察、向外感應。

所謂向上對話，即要向高手請教與學習，堅持與優秀者同行；向下思考，即要深入思考問題的本質，領悟事物的發展規律；向內覺察，即聆聽自己的內心，全面了解自我；向外感應，即定位好自己與外界環境的關係，找到人生存在的價值與意義。

第五章　有恆：堅韌不拔的信念持續力

　　在每次課程結束之時，我都會邀請現場學員做兩項收整的落實動作——「7要素落實改進表」與「21天打卡精進計畫」，前者是為落實課程所學而設下的改進目標，後者則是為落實改進目標而進行的每日精進計畫。這是因為，長久以來，教育培訓界最頭痛的便是學員的「三動現象」，即課上很激動，課後很感動，回到工作職位後卻一動不動。這就像是讓你每日獨自晨練你可能堅持不了多久，但若是有一群優秀的人與你相約一起晨練就會容易很多。

　　心理學期刊上的一項研究報告顯示：與較優秀的學生保持良好關係的人在成績上都有明顯進步。

　　這也是讓拖延症不治而癒的方法之一：當你與優秀者同行，自己也會越來越優秀，之後也會有更多的人願意與你同行。

4. 公開承諾，就會提升行動力

　　目標越接近，困難越增加。但願每一個人都像星星一樣安詳而從容地不斷沿著既定的目標走完自己的路程。

——歌德（Goethe）

　　這幾年，成功學因其具有的「雞湯」屬性屢遭批評。

　　網路上甚至有「乾了這碗毒雞湯，我們還是好朋友」的調侃。曾經風靡全球的成功學如今為何會人人喊打？原本營養美味的心靈雞湯怎麼就變成了攻心毒藥？

　　下面這個諷喻故事，大概能說明原因。

　　有一隻狐狸摔瘸了腿，逮不到什麼獵物，但牠知道山頂上散養著許多雞，於是就在山崖邊立了一塊牌子，上面寫著：「你若不勇敢地飛下去，怎麼會知道自己原來也是一隻搏擊長空的鷹！」很多雞看到這塊牌子之後受到鼓舞，紛紛在山崖邊振翅飛翔，想要證明自己是雄鷹。於是，狐狸在懸崖底下每天都能撿到摔死的雞。

　　對這個故事的解讀有很多種，但無論如何都沒有人想成為那些「愚昧無知的雞」，甚至也不會有人願意承認自己想做

第五章　有恆：堅韌不拔的信念持續力

那隻狐狸，因為那意味著你的成功是建立在侵犯其他人利益的基礎上的。

無論從哪個角度看，這樣的「成功路徑」都不能被現代社會所接受和容忍。

一個時代有一個時代的產物，一個時代的產物也必然存在著一個時代的局限性。

那麼，成功學在今天真就毫無價值可言了嗎？

其實，完全沒有必要「談成功學而色變」，多數時候，這也是人云亦云的一種跟風表現。

從本質上來說，所有的自我管理與自我激勵都屬於成功學的範疇！成功學在今天被詬病，相當程度上是由於被別有用心者用於「精神洗腦」甚至是詐騙。顯然，這樣的成功學已經「病毒式變異」了，但事實上成功學是為了完善自我和培養他人，促進人們積極進取，推動社會進步而自然產生的學問。

在成功學的理念中，有一個方法對於個人心性、志向的堅定，到今天依然具有極強的指導意義和實踐效果，這便是公開承諾。

在古代，許多將軍在出征前立下的軍令狀，其實也是公開承諾的一種。直到今天，上至政府機關，下至商家店鋪，

再到企業團隊,均能看到公開承諾的應用情景,其為推動社會進步與個人成長發揮了正面作用。

筆者對公開承諾的神奇效力也是深有感觸。筆者 2014 年還在行動教育做銷售時,就是藉助公開承諾,在兩個月的時間裡一舉完成 500 萬元的年度業績,並成功拿到集團年會的門票,且於第二年晉升行銷總監 —— 此案例在筆者的第一本書《職場精進》中已分享,這裡不再贅述。

公開承諾對自身來說最直接的作用便是堵住了所有退路,不替自己留任何可以妥協的空間!

假如你也有不甘心,那麼趁年富力強來一次公開承諾逼自己一把又何妨?

第五章　有恆：堅韌不拔的信念持續力

5. 找準定位，明確自身角色

　　我們不能幻想自己一下子達到輝煌的頂峰，因為人生是一個漫長的過程，人生的每一個目標都代表著一個站點。聰明的人總是計算好自己的體力，從而把下一個站點定在恰當的位置。

　　—— 拿破崙・希爾（Napoleon Hill）

「是狼就要磨好牙，是羊就要練好腿。」

　　但真正的悲哀並非狼沒能磨好牙、羊沒有練好腿，而是明明是隻狼卻只顧著練腿，明明是隻羊卻整日埋首磨牙。

　　西晉王朝的奠基者司馬懿有一句名言：「凡物置之安地則安，危地則危。」翻譯過來便是：一件物品的安全或危險與物品本身沒有關係，你放到安全的地方它就安全，放在危險的地方它就危險。即使是那些易燃、易爆、易碎的危險物品，只要妥善保管，它們就是安全的；而生活中另一些安全物品，如果我們保存不當同樣會引發風險。

　　由此，我們也可以引申出：決定一件事情成敗的關鍵並非事情本身的難易度，而是看由誰來做。

　　請思考以下現象的底層邏輯：

5. 找準定位，明確自身角色

・同樣一家店鋪，為什麼前一個店長經營時瀕臨倒閉，而新店長來了沒多久卻使之起死回生？

・同樣一支團隊，為什麼明明前一個長官帶是一盤散沙，換個長官卻將其變成一支紀律嚴明的鐵軍？

・同樣一個人，為什麼幾天前還遊手好閒、不求上進，幾天後再見到卻是精神抖擻？

……

有時候，我們並沒有忘記初心，卻依然背棄了初心！一種可能的原因是：在現實利益與終極理想面前，我們被迫選擇了前者；另一種可能的原因則是：隨著年齡、閱歷與見識的增長，我們已不確定初心是否還有意義，是否還值得繼續堅守。

宋代禪宗大師青原行思曾以「三重境界」來形容人在一生中所經歷的三個階段，即看山是山，看山不是山，看山還是山。而最讓人迷惑的便是這第二重「看山不是山」，在到達「看山還是山」的境界之前，前路有太多的誘惑，而你又將如何應對？

定位，關鍵是定位。

無論生活將我們置於何種情景之中，我們都得清楚當下的自己是何種角色定位。

要做到這點很不容易，但整體來說卻是有規律可循的。

第五章 有恆：堅韌不拔的信念持續力

我們可以從個人價值、環境需求、優秀榜樣、發展形勢四個方面來看角色定位（見圖 5-3）。

觀察自己 能勝任什麼	**看個人價值**	**看環境需求**	觀察對方 需要什麼
觀察榜樣 在做什麼	**看優秀榜樣**	**看發展形勢**	觀察將來 會發生什麼

圖 5-3 角色定位四象限

人生貴在認清自己的角色定位，假如你確信自己是一隻狼，就要磨好牙，做好狩獵的準備；假如你是一隻羊，就要練好自己的雙腿，爭取別讓狼追上你。

6. 堅持眞理，才能避免「人設」崩塌

真理，哪怕只見到一線，我們也不能讓它的光輝變得黯淡。

—— 佚名

許多人說：「人生如戲，全靠演技。」

這是一種觀點而非事實，因此不存在對錯。

不過，秉持這一觀點的人很容易忽視現實人生與演戲的區別 —— 我們的確是自己人生大戲的主角，但同時還是自己人生劇本的製作人、編劇和導演。這也意味著，劇本要由我們自己去寫，劇情走向要由我們自己去定。更具挑戰性的是，不會有任何其他「配角演員」配合我們排練，每一天都是未知且不能重來的現場直播。我們在自己的生命舞臺上以本色出演，只為呈現人生的精彩而非取悅觀眾。一如大發明家諾貝爾（Alfred Nobel）的名言：「生命，是大自然交給人類去雕琢的寶石。」

個體心理學創始人阿德勒（Alfred Adler）在《被討厭的勇氣》一書中：「人生是不斷與理想的自己進行比較，而不是活在他人的評價之下，我們不是為了滿足別人的期待而活著，

第五章　有恆：堅韌不拔的信念持續力

而是為了自己活出自己的人生。」

於是，你會看到那些刻意取悅觀眾卻演技平平的人，在某個片場把戲演砸，從此成為路人甲乙丙丁；而另一些演技好德行不行的人即使刻意打造人設，也只是顯赫一時，最終會因人設崩毀失去觀眾的信任；只有真正追求德藝雙馨的藝術家，才能自始至終受人尊敬、守住晚節。

謊言重複一萬遍真能變成真理嗎？在資訊不通的古代社會確實有可能，但在行動網路和自媒體高度發展的時代，即使你重複一輩子也白搭。而當一個人的周遭世界被一個個謊言構築的泡沫所包裹時，那泡沫被戳破之時也就是他萬劫不復之日。

唯有在名利的衝擊中保持冷靜清醒的頭腦──追求而不貪婪、進取而不驕縱、喜歡而不沉迷，才能打破外力加給我們的精神桎梏，一步一個腳印地走出無悔無愧的真實足跡。

電影《楚門的世界》(The Truman Show) 中的主角楚門，從小到大都生活在一座名為海景鎮的城鎮──實則是一個巨大無比的攝影棚。他是這座小城一家保險公司的經紀人，看上去過著與常人完全相同的生活，但事實上他時刻面對著攝影機，每時每刻全世界都有無數人透過電視看著他。他身邊包括父母、妻子和朋友在內的所有人，都是導演組僱用的專職演員，甚至連草地、大海、太陽等也都是人造的。

在電影結尾，當得知真相的楚門歷盡艱險終於來到這座攝影棚的出口，導演告訴楚門：「外面的世界跟我給你的世界一樣充滿虛假、謊言和詐欺，但在我這個世界你什麼也不用怕，我比你更了解你自己。」而楚門卻毅然選擇了真實世界，並在轉身走出攝影棚之前微笑著以謝幕式鞠躬回應說：「假如再也碰不見你，我祝你早安、午安、晚安。」

《楚門的世界》向我們提出了一個嚴肅的人生命題：我們該如何區分現實中的真實與虛幻？面對欲望洪流的沖擊，我們要如何堅守自己內心的底線不動搖？電影鼓勵我們保持警覺並勇敢追求真理，堅守自己的信念。

第五章　有恆：堅韌不拔的信念持續力

7. 一生專注一事，是最大恆心

未來是光明而美麗的，愛它吧，向它突進，為它工作，迎接它，盡可能地使它成為現實吧！

── 車爾尼雪夫斯基
（Nikolay Gavrilovich Chernyshevskiy）

● 一生專注做好一件事

「人生直作百歲翁，亦是萬古一瞬中。」

被譽為日本經營之聖的稻盛和夫，曾提出這樣一個思考題：「生而為人，何謂正確？」

顯然，這又是一個帶有哲學意味的人生命題，如同前文提到的「靈魂三問」。而對這個問題，稻盛和夫先生自己的答案是：「動機至善，私心了無。」

這八個字，讓筆者不由得想到了這兩位 ── 岳飛與孫中山。

岳飛少年時即以「盡忠報國」為終生信條，畢生之志就是收復舊河山，為國家統一至死不悔。一篇〈滿江紅〉更是表

達了其崇高的民族氣節與報國心跡，永遠激勵著後來者奮勇前進。

而作為近代民主革命的偉大先驅孫中山先生，更是以「天下為公」為奮鬥理念，為國家和民族奔走一生。即使在病危之時，孫中山先生仍念念不忘拯救中國、喚醒民眾，其遺囑中「革命尚未成功，同志仍須努力」不僅是愛國情懷的彰顯，更是對後繼者將革命進行到底的殷切期盼！可以說，他的理想、他的目標、他的思想體系的基本精神，都濃縮在「天下為公」這四個字之中。

古往今來，縱觀中外的仁人志士，都有一個顯著特徵，即他們都找到了作為一個人願為之奮鬥一生的遠大志向或者說一件事情，並願意為這件事不計個人榮辱、利益得失，甚至生死考驗。

不僅個人應有長遠志向，企業也同樣需要。比如，我們經常會在某個有使命感的企業的介紹上看到這樣一句話：「公司致力於對 XX 產業的研究與發展，專注於 XX 領域的深耕細作……」

致力於，是行動的策略方向；專注於，是行為的具體操作。只要將這二者的力量合而為一，便能產生從量變到質變的飛躍！這既是堅持的力量，亦是上天對堅持者的獎賞和餽贈。正如曾國藩在行軍日記中寫下的：「天下凡物加倍磨治，

第五章　有恆：堅韌不拔的信念持續力

皆能變換本質，別生精彩，況人之於學乎？」

曾國藩是集立功、立德、立言三不朽於一身的「晚清中興第一名臣」，被尊稱為「半個聖人」。

但少有人知道的是，曾國藩小時候卻並不聰明。

有一天，一個小偷去他家裡偷東西，趴在房梁上，想等他家人都睡著了再下手。恰巧曾國藩在這間屋子裡背誦〈岳陽樓記〉。結果小偷睡了兩覺曾國藩還在背。小偷就在房梁上聽他背，眼看天就要亮了，曾國藩還是沒把文章背誦下來。生氣的小偷直接從房梁上跳下來，指著曾國藩大罵：「就你這個腦子還讀書啊？聽我跟你背一遍吧。」小偷流暢地背了一遍揚長而去，留下目瞪口呆的曾國藩。

曾國藩在評價自己的短處時，也毫不避諱地承認：「余性魯鈍，秉質愚柔。」但他一生深信並親身實踐「以天下之至拙，能勝天下之至巧」。

加里・凱勒（Gary Keller）在《最重要的事，只有一件》（*The One Thing*）一書中亦明確提出：「只有在繁雜的工作及無盡的瑣事中堅守自己的人生目標，找到當下那一件最重要的事，才能一步步實現你的理想。」

能讓你此生「致力於」和「專注於」的那一件事情，你找到了嗎？

7. 一生專注一事，是最大恆心

● 擇一業、精一事、終一生

漢代書法家崔瑗在〈座右銘〉中寫道：「行之苟有恆，久久自芬芳。」

星雲大師也認為：「只要耐煩有恆，時間的浪潮會將小人物推向時代的前端；只要腳踏實地，歷史的巨手會將小因緣聚合成豐功偉業。」

兩年前，筆者接受邀請去錄製一集訪談節目。

在採訪中，當主持人得知筆者為撰寫《奮進者》前後耗時兩年，便問筆者這兩年中最難的時刻是什麼時候。看過《奮進者》的讀者朋友都知道，在這本書中，筆者記述了5位年輕優秀企業家的成長故事、心路歷程與人生感悟。

但其實在這本書寫到最後一部分時，筆者的靈感似已油盡燈枯，一度覺得要辜負5位企業家的囑託和期待了。對那個局面的想像使筆者感到後怕，但也正是想到他們充滿期待和信任的眼神以及筆者自己的承諾，讓筆者心底又升起一股股力量！

也就是在那時，筆者對擇一業、精一事、終一生又有了新的理解。

願終有一天，我們都能明白：

我們堅持去做好一件事情所能得到的最大獎勵，就是我們曾經做過這件事情。

第五章　有恆：堅韌不拔的信念持續力

精彩回顧

◎任何工作都有它的意義和樂趣，而你要做的便是找到這種意義和樂趣，這樣才不會靠堅持才能做好一份工作。

◎並非要在選擇後才開始認真和努力，而是要在一開始就認真努力地去做選擇。

◎向上學習、向下思考、向內覺察、向外感應。

◎當你與優秀者同行，自己也會越來越優秀，之後也會有更多的人願意與你同行。

◎決定一件事情成敗的關鍵並非事情本身的難易度，而是看由誰來做。

◎無論生活將我們置於何種情景之中，我們都得清楚當下的自己是何種角色定位。

◎我們在自己的生命舞臺上以本色出演，只為呈現人生的精彩而非取悅觀眾。

◎我們堅持去做好一件事情所能得到的最大獎勵，就是我們曾經做過這件事情。

第六章
有愛：
成就他人即成就自己

第六章　有愛：成就他人即成就自己

1. 喚醒！愛是與生俱來的

> 愛是人們心裡的火苗，它是無盡期、無止境的，任何東西所不能局限、任何東西所不能熄滅的。人們感到它一直燃燒到骨髓，一直照耀到天際。
>
> —— 雨果（Victor Hugo）

● 愛是與生俱來的，但愛的能力仍須後天活化

我們都是因為愛才來到這個世間的，而從發出第一聲啼哭的那一刻起，我們便學會了用啼哭去獲得愛 —— 在不會講話前，哭是嬰兒傳遞需求的唯一語言！無論是餓了、睏了還是尿了，嬰兒都會透過哭來表達，而在這些需求被滿足的過程中，我們也漸漸學會了生命對我們上的第一堂課：愛自己。

一個尚不知如何愛自己的人，又如何能懂怎樣去愛別人呢？

就像人們常說的：贈人玫瑰，手有餘香。但前提是，你手上要真的先有一朵玫瑰。假如你想繼續贈更多人玫瑰，你可能就得先去種植一片玫瑰園了。

而在每個人的心靈深處，都有一片取之不盡、用之不竭

的玫瑰園,那正是我們與生俱來的愛。

如果說「生命,是大自然交給人類去雕琢的寶石」,那麼,愛就是產出這世間一切寶石、美玉的原始材料!即使窮盡人類已知的所有語言,也難以完整地描繪出愛的真正全貌。

也因此,儘管人人都具有愛,但如何將愛喚醒,或者說活化並正確運用,依然要靠後天不斷的培養和練習。就如同自然界中的風、火、雷、電的本源早在地球誕生之時便已存在,然而如何掌握這些力量使其服務於人類,卻還需要人類具備相當的能力與技巧。

人人心中皆有愛,但在欲望的操控之下,愛的能力漸漸被束縛住了!唯有以情動情、以愛養愛,方能釋放、活化我們內在的這顆赤子之心!一如宋朝柴陵郁禪師那首著名的〈悟道詩〉:「我有明珠一顆,久被塵勞關鎖;今朝塵盡光生,照破山河萬朵。」

心理學大師埃里希·佛洛姆(Erich Fromm)在《愛的藝術》(*The Art of Loving*)一書中也明確指出:「真正的愛,可以在對方身上喚起某種有生命力的東西,而雙方都會因喚醒了內心的某種生命力而充滿快樂。」

我們這一生,與愛有關的人生課題大體可歸為以下七項:

喚醒愛、給予愛、昇華愛、讀懂愛、認清愛、拒絕愛、傳遞愛。

第六章　有愛：成就他人即成就自己

● 愛是能量作用力下的相互影響

愛時越深，恨時越切。

與體力耗損透過休息即可恢復有所不同的是，愛的能量一旦以某種非正常的方式消耗殆盡，非但難以補充，反而可能轉換成另一種具有破壞性的能量，這便是負能量的來源。要知道，正負能量的轉換不僅取決於個體的主觀意志，與外界回饋也息息相關，導致負能量被活化的原因包括：童年陰影、身處逆境、情感創傷等。

當負能量主導一個人的精神時，其不僅不能給予他人愛，更感受不到周圍人的愛，甚至也不相信這世界上還有愛。

《論語‧顏淵》有言：「愛之欲其生，惡之欲其死；既欲其生，又欲其死，是惑也。」

意思是：當你心中愛一個人的時候，連對方的缺點看起來都是那樣迷人，巴不得他能長命百歲；但當你對一個人心生怨恨時，又巴不得他馬上死掉。一時想他長壽，一時又想他短命，這就是迷惑。

一個值得警惕的現象是，愛的正能量可以讓人的心靈平靜，從而更加感激身邊的人和物；而恨的負能量不僅作用相反，且造成的連鎖破壞力與傳播力似乎更加洶湧，在不知不覺中就已經傳染給周圍的人。社會心理學中大名鼎鼎的「踢

1. 喚醒！愛是與生俱來的

貓效應」即此理。

一家公司的老闆許諾每天提早到辦公室，但有一天早上因為看新聞太入迷忘了時間，為了不遲到，他在路上超速駕駛，結果被警察開了罰單，最後還是遲到了。

這個老闆很生氣，剛到辦公室便因一個銷售經理的小失誤將其叫來狠狠訓斥了一番。

挨罵後的銷售經理氣急敗壞卻又無處發洩，便將一個向他彙報工作的銷售員刁難一番。銷售員無故被上司當眾刁難很是不爽，回到家看到小兒子在沙發上跳來跳去，不由分說就對兒子大發雷霆。兒子莫名其妙被父親訓斥，心中惱火，於是對著向他湊過來撒嬌的小貓咪就是狠狠一腳。

心理學家也做過一個類似的心理實驗：

他讓一個笑容滿面、開朗樂觀的人與一個愁眉苦臉、憂鬱難解的人同處一室，彼此交流，並觀察兩人的情緒變化。結果，不到半小時，這個笑容滿面的人就變得愁眉苦臉。

可以預見的是：在半小時內，因為負能量在短期內的劇烈破壞效應，樂觀、開朗的人一時被其影響，兩人雙雙陷入愁眉苦臉的狀態；但其實只要再過半小時，這種能量場帶來的影響力就會此消彼長；再過半小時，原先愁苦的人就會因為想通而重展笑顏，而本就天性開朗的另一人經此事後也會更加開朗、樂觀。

第六章　有愛：成就他人即成就自己

托爾斯泰曾說：「憤怒使別人遭殃，但受害最深的卻是自己。」

著名精神科醫師大衛·霍金斯博士（David R.Hawkins, M.D., Ph.D.）運用人體運動學基本原理，經過長達二十年的臨床實驗，累積幾千人次和數以百萬計的測試資料，最終發現，人類的各種意識層次和情緒狀態都會產生相應的能量頻率，即「霍金斯意識能量級表」（見表6-1）。他把人體的頻率設為從1到1,000，任何導致人的振動頻率低於200的狀態都容易使人生病，而從200到1,000的頻率則會使身體機能增強。

表6-1 霍金斯意識能量級表

生命觀	等級	能量	情緒	生命狀態
不可思議	開悟	↑	700～1,000	不可說	妙
都一樣	和平	↑	600	至喜	平等
好美呀	喜樂	↑	540	清朗	清淨
我愛你	愛	↑源	500	敬愛	慈悲
有道理	理智	↑能	400	理解	知止
我錯了	寬恕	↑&	350	寬恕	修身
我喜歡	主動	↑動	310	樂觀	使命感
我不怕	從容	↑力	250	信任	安全感
我可以	勇氣	↑▲	200	肯定	信心
我怕誰	驕傲	↑▼	175	藐視	狂妄
我怨	憤怒	↓壓	150	憎恨	抱怨

1. 喚醒！愛是與生俱來的

生命觀	等級		能量	情緒	生命狀態
我要	欲望	↓力	125	渴望	吝嗇
我怕	恐懼	↓&	100	焦慮	退縮
好可怕	悲傷	↓抗	75	失望	悲觀
好無奈	冷淡	↓拒	50	絕望	自我放棄
沒意思	罪惡感	↓	30	自責	自我否定
死了算了	羞愧	↓	20	自閉	自我封鎖

第六章　有愛：成就他人即成就自己

2. 給予！愛是一切感性問題的答案

愛的需求或力量一旦死去，人就成為一個活著的墓穴，苟延殘喘的只是一副軀殼。

── 雪萊（Percy Bysshe Shelley）

● 為愛而活的生命更有意義

「你的人生是在為誰而活？」

假如你在大街上問一個年輕人這個問題，得到的回答十有八九是：「當然為自己。」若你再去追問為什麼，對方可能會本能地扔給你一個反問：

「我不為自己而活難道為你？」

這樣的對話是完全有可能發生的。

「人應該學會為自己而活。」這句話有問題嗎？沒有，一點毛病沒有，這就是生活的真相，只不過，這並非真相的全貌，而只是冰山一角。愛自己不是愛的結束而是愛的起始，學會愛自己才能更好地給予他人愛！正如北宋著名思想家王安石的那句名言：「愛己者，仁之端也，可推以愛人也。」

如果說人人都「為自己而活」，那這個社會有誰是在為

2. 給予！愛是一切感性問題的答案

「我們」而活？又是誰在為「我們」而死？

在當今時代，真的還有為「我們」而活的人嗎？

火災發生時，消防員奮不顧身衝入火海救人，試問他們在為誰而活？洪水發生時，為抗洪搶險而犧牲的那些前線救災人員，他們又是為誰而活？緝毒刑警為不讓毒品害人而與凶殘的毒販殊死搏鬥，他們又在為誰而活？……

有位作家一語道出了愛的真諦：「哪裡有什麼歲月靜好，不過是有人在替你負重前行。」

郁達夫在〈懷魯迅〉一文中也一針見血地指出：「沒有偉大人物出現的民族，是世界上最可憐的生物之群；有了偉大人物，卻不愛戴、擁護和崇仰的國家，是沒有希望的奴隸之邦。」

那些願為天下蒼生的幸福或奔走，或堅守，或奉獻的人，必有一顆遼闊、充實的心，因為他們都領悟到了與眾不同的生存價值，即為愛而活的人生最值得、最有意義。

那些犧牲的英雄烈士，一個個原本與我們一樣燦爛鮮活的生命，難道他們不知生命的可貴，不懂得要為自己而活，不願意好好珍惜自己的生命嗎？答案只有一個：他們都有崇高的使命感、強烈的責任心！這樣的生命觀又是從何而來？不正是愛的力量在推動嗎？

大愛無疆，深愛無言。

145

第六章　有愛：成就他人即成就自己

多年前，筆者曾參與過這樣一個主題辯論。正方的觀點是人應該為自己而活，反方的觀點是人應該為他人而活。雙方交鋒的過程異常激烈，但筆者卻隱隱覺得這個二選一的辯題是個陷阱，明顯是一個極端和另一個極端，而這道辯題的真正答案應當是：為愛而活，活得值得；為愛而死，亦死得其所。

總在為別人而活的人，非常容易迷失自我，就如本書開頭「有能」中那個無論怎麼費力去討好別人，卻總有人不喜歡他的同學；而如果你一生只肯為自己而活，則要麼有可能「一輩子都吃不上四道菜」，要麼如同法國文學家巴爾札克（Honoré de Balzac）筆下的守財奴葛朗臺那樣。

● 心中有愛時，一定要勇敢、及時表達出來

愛，是生命最基本的情感需求之一，每個人的內心深處都渴望被愛和愛人。

但如果平常不對愛多加體悟和練習，愛的能力又會在不知不覺中退化，這也是今天許多人越活越麻木的原因！再比如，處於熱戀中的男女，每天都活在你想我、我也想你的甜蜜中，但當他們結婚後，一方可能有一天忽然會問另一方：我們多久沒有向彼此說「我愛你」這三個字了？有人說婚姻走到最後都是親情。這話倒是真的，然而問題在於，愛難道會

2. 給予！愛是一切感性問題的答案

因此消失嗎？進一步說，包括與父母在內的親情，難道便不適於用愛表達嗎？

答案顯然是否定的。

一位當代作家在小說中就說過：「表達愛，就意味著我們把心毫無保留地向你敞開。假如你沒有回應給我愛，或者沒按我理解的『正常』回應，其實就是被插上了一把利劍，因此我們慢慢變得不敢表達愛。」

人生短暫，心中有愛時應當「愛就大聲說出來」！否則一旦錯過，很可能要懊悔一生。以默默行動去展現愛當然很有意義，但這並不意味著愛的語言便沒有力量。事實上，語言本身亦是行動的表現。

即使是生命有一天走到了盡頭，語言也依舊可以轉換成文字留給活著的人！

● 給予是超越小我的大愛

小愛自我為一人，大愛無我利眾人。

愛，沒有邏輯而言，也沒有任何道理可講，但是，愛本身卻有大小之分，更有真假之別：博愛眾生為大，男女情愛為小，愛人而不刻意求回報為真，以愛之名行占有目的為假。

小愛是需要先決條件的，大愛則不然。

第六章　有愛：成就他人即成就自己

比如，你愛上一個人，必定是由於對方具有某種吸引你的特質。從某種意義上來說，小愛是自我的、自私的，甚至是帶有排他性的，哪怕你愛她愛到死去活來，當她與其他異性走近說笑時，你會莫名生起一股醋意。這便是保加利亞哲學家瓦西列夫（Kiril Vasilev）在《情愛論》（*Love*）中所說的：「愛的力量大到可以使人忘記一切，卻又小到連一粒嫉妒的沙石也不能容納。」

而普濟世人的大愛是不分對象、不計付出且不求回報的，就像師者的有教無類和醫者仁心。哪怕躺在手術檯上的是個罪犯，醫生也會毫不猶豫地進行救治。

給予人愛，同時也是實現自我價值的最好方式，因為最好的關係正是建立在對別人的給予勝於對別人的索求之上！在人心日漸不古的今天，越稀有就越可貴，大多數人都會感念曾經幫助過自己的人，並願意在必要的時候給予對方回報。

給予的人生會愈加充盈，而索取的人生則正好相反。

我們其實並不需要等到財富自由了、事業成功了才能去幫助和關愛他人，也並不是要做出很大的貢獻才叫給予。別人口渴之時遞過去的一杯水，別人迷路之時的一句指引，別人失意之時的一次寬慰，甚至是一個鼓勵的動作、一個善意的眼神，都是在給予愛！

2. 給予！愛是一切感性問題的答案

是以，讓人感動，並不需要你有多大的力量，只需一份擔當；讓人想念，也不需要你有多高的 EQ，只需一份善良。

第六章　有愛：成就他人即成就自己

3. 昇華！唯有深愛才能釋放極致力量

我是人民的兒子，我深情地愛著我的國家和人民。

—— 佚名

● 心懷悲憫讓人性的光輝盡顯

有一種深愛，叫做悲憫。

感同身受為悲，拔除其苦為憫。

在各行業競爭態勢日益加劇的今天，「快、準、狠」似乎才是個人生存乃至企業發展的致勝之道。至於悲憫，則很容易被視為成功的累贅而被晾在一旁。

直到某一天你跌了跟頭、遇到了打擊，甚至迷失了自己，你周圍的人卻一個個匆匆而過對你不管不顧時，你在驚詫之餘才幡然領悟悲憫的可貴，才願意俯下身去溫柔地感受它、撫摸它、擁抱它。

欲望橫流的都市、波譎雲詭的職場、爾虞我詐的商海會讓我們曾經火熱的赤子之心日漸冷卻！—— 只是，我們都忘了，在人生這場馬拉松中，誰都無法預料自己會在何時、以何種形式遇上何種變故。或許到那時才能體會「別人經歷的

3. 昇華！唯有深愛才能釋放極致力量

不幸都是故事，自己經歷的不幸才叫事故」的無力與悲涼。

唯有以一顆真誠的悲憫之心導航，才能到達理想的彼岸。

很多看似難以解決的麻煩和問題，在真正的深愛面前都能迎刃而解，而恰恰是在解決這些麻煩的過程中，才能盡顯一個人的人格魅力與人性光輝。

筆者曾多次解析過一個「向空服員要毛毯」的案例：

在一架飛機上，一位年輕的母親因為熟睡中的小女兒被冷醒，先後三次按鈴向空服員求助，希望她們能提供一條毛毯。有趣的是三位空服員給出了三個方案。

第一位空服員發現沒有毛毯後空手而回，並誠懇地向這位母親表示歉意；第二位空服員則為這位母親倒了一杯熱水，二次致歉並承諾降落後會向航空公司反映，以爭取後續配足毛毯；第三位空服員是個座艙長，她最終帶著一條有體溫的毛毯回來，並親自為那個小女孩蓋在了身上。

而這條毛毯，其實是她剛剛與頭等艙的乘客們進行一番溝通後，一位男乘客主動讓出來的。

若僅從責任的角度來看，這三位空服員分別做到了對流程負責、對職責負責，以及對最終結果負責。

但正如前文所指出的，「一切責任心都是因為內在愛的力量在推動」，那位讓出毛毯的好心男士是如此，而那位座艙長

第六章　有愛：成就他人即成就自己

更是因為有一顆感同身受的悲憫心，才能設身處地站在那位母親的立場上去思考問題。可以預見的是，即使座艙長最終沒能如願換到毛毯，也一定會想出其他的解決方案。

但與此同時，我們也必須了解到：要讓一個血氣方剛、正處在「奮力奔跑」階段的年輕人具備悲憫情懷可能是不切實際的！從同情心到同理心再到悲憫心，本就是循序漸進的過程（見圖 6-1）。

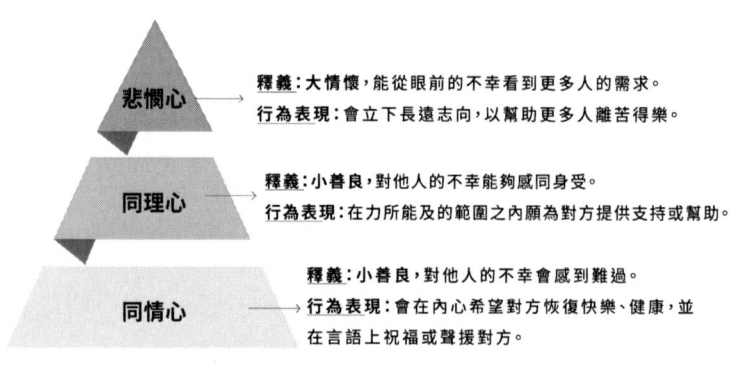

悲憫心　釋義：大情懷，能從眼前的不幸看到更多人的需求。
　　　　行為表現：會立下長遠志向，以幫助更多人離苦得樂。

同理心　釋義：小善良，對他人的不幸能夠感同身受。
　　　　行為表現：在力所能及的範圍之內願為對方提供支持或幫助。

同情心　釋義：小善良，對他人的不幸會感到難過。
　　　　行為表現：會在內心希望對方恢復快樂、健康，並在言語上祝福或聲援對方。

圖 6-1 從同情心到同理心再到悲憫心的發展過程

然而，這並不妨礙年輕人提前了解心懷悲憫的重要性。因為，當一個人 35 歲後，或者說人生旅程過半時，會對這個詞的意義有越發深切的感悟。

此外，悲憫情懷不會影響人們樂觀的本性，而且因為有了「達則兼濟天下」之心，樂觀的人反而會更堅毅，成為「謹慎的樂觀主義者」。

3. 昇華！唯有深愛才能釋放極致力量

● **極致的深愛，可以迸發不可思議的力量**

若信，就深信；若愛，就深愛。

梵谷（Vincent van Gogh）的〈向日葵〉、〈星夜〉等油畫之所以能成為名作，正是因為其蘊含著梵谷對這個世界真摯的愛！無論現實世界多麼陰暗、寒冷，在飽受病痛折磨的梵谷心中仍然燃燒著一簇簇熾熱的火苗，如同他筆下的一幅幅作品般跳動不息。

深愛，是愛到極致，它能讓人甘願為心中的信念不顧一切、捨生忘死。

在筆者看來，作為公民最深沉的愛，應屬愛國無疑！假如一個人連生養自己的這片國土都不願熱愛和守護，又有什麼資格去與人談論愛、給予愛呢？

前陣子，筆者在網路上看到一個父親教導孩子的發文，心中五味雜陳。該文中的父親認為孩子只要感謝父母就可以，其他人均可不理。

作為孩子的監護人、第一任老師的父母，讓孩子記住父母的養育之恩當然無可厚非，但為什麼要告訴孩子不要感謝其他人？學校教他知識的老師不需要感謝嗎？幫助他成長的良師益友不需要感謝嗎？國家在教育、醫療以及社會各領域的投入這位父親都看不到嗎？……這位父親又希望自己的孩子將來變成什麼樣的人呢？

第六章　有愛：成就他人即成就自己

「有一天，國家若徵兵，我願棄筆從戎！青山處處埋忠骨，不須馬革裹屍還。」

這是在得知某個國際衝突後，筆者在社交平臺裡發出的吶喊！筆者特別欣賞林則徐的那兩句詩：「苟利國家生死以，豈因禍福避趨之。」

愛國、報國絕不應因為個人地位的高低以及人生的順逆而動搖——「威武不能屈、富貴不能淫、貧賤不能移」的堅定立場絕非愚忠犯傻，而是大節大義！

極致的深愛，必能迸發不可思議的極致力量。

4. 讀懂！懂一個人比愛一個人更重要

> 人們往往忘記善行和惡舉，甚至還會憎恨自己的恩人或是停止憎恨自己的仇人。對他們來說，報恩或報仇的需求就像是他們不情願服從的暴君。
>
> —— 拉羅希福可（François de La Rochefoucauld）

● 愛是對需求的適度滿足，無節制滿足將適得其反

俗話說「小恩養貴人，大恩養仇人。」身為一個武俠迷，筆者在年少時讀古龍的《多情劍客無情劍》時，心頭總有一個難解的疑惑：明明李尋歡對龍嘯雲恩重如山，兩人還是結拜兄弟，為什麼龍嘯雲要處心積慮地置李尋歡於死地？

及至年齡、閱歷漸長，筆者才逐漸明白人性的複雜，明白了為什麼會出現「升米恩，斗米仇」的現象。

孟子曾說：「愛人不親，反其仁；治人不治，反其智；行有不得，反求諸己。」

電影《教父》(The Godfather) 中也有一句有名的臺詞：「沒有邊界的心軟，只會讓對方得寸進尺；毫無原則的仁慈，只

第六章　有愛：成就他人即成就自己

會讓對方為所欲為。」

恩重如山，這是人們對恩情的溢美之詞。

但當一個人虧欠另一個人的恩情太多、太重，終其一生都無法回報時，這座像大山一樣的大恩也會壓得人喘不過氣來。

此時就只剩下最後一樣東西方能報答，那便是生命——就像古代對待俠士的救命之恩，男的會「捨身追隨」，女的則是「以身相許」，再不濟也要「來世做牛做馬」報答。

然而，生命對於每個人來說都只有一次，不到萬不得已的時刻，誰想要以死報恩？這時有些受恩者的內心就會產生心魔：欲報恩卻無以為報，不報恩則寢食難安，活在對方恩賜的陰影中。若不能及時警醒，陰暗心理便會主導其思想。於是，像龍嘯雲那種「恩將仇報」的行徑也就出現了。

有人說，像這樣的惡人畢竟是少數，這世上永遠都是善良的人、感恩的人更多！這話筆者完全同意，但關鍵在於，惡人難道是天生的嗎？他們難道從來就沒有善良過？而我們這些自詡「好人」的人就沒有壞的可能？不，人性遠不是非黑即白。有興趣的讀者朋友可以讀一讀劉墉的《你不可不知的人性》，對人性會有更深刻的理解。

● 應對人際關係學中的「三不原則」

如果你不想遇到「大恩成仇」、「忘恩負義」等情形,以下3個原則請謹記。

(1) 幫人後不要對外宣揚

無論是誰,即使有求於人之時也是有自尊心的。在電影《葉問》中,廖師傅找葉問比武卻打輸了,但因為不是公開比試,怕傳出去丟臉的廖師傅一再請求葉問不要向外人提及。

無論恩情大與小,也不管你們關係有多堅固,這都是你們兩人之間的私事,「不足為外人道也」。

(2) 不能一直授人以魚

「授人以魚不如授人以漁。」

須知,無限滿足對方的需求無異於為自己挖坑!而授人以漁不僅能讓其自力更生,以作長久之計,更能避免對方形成依賴心理。

否則一旦形成慣性依賴,很可能會造成「斗米仇」的結果。

(3) 不要讓人情債累積

當前社會,朋友之間最難為情的求助,應屬借錢無疑,正所謂「談錢傷感情」。

第六章　有愛：成就他人即成就自己

　　無論幫的是什麼忙，也不管是誰在幫誰，筆者都不建議人情債一直累積，要有來有往才能增進感情。比如，你向朋友借一本書，那麼在這本書尚未歸還之前就不要向對方再次借書。換言之，在上一個人情未還清之前，不宜再請求對方二次幫忙。

● 懂對方，才能正確給予最適合的愛

　　悟，比問更為重要；懂，比愛更為重要。

　　不懂就問雖然是一個好習慣，但在開口之前，應先確定自己是否盡最大能力後仍不懂，否則亦有可能使自己漸失獨立思考的能力。給人關愛固然是一種好品德，但在給予之前，也要先弄清楚對方此時真正需要的是什麼，否則很有可能事倍功半，甚至是好心辦壞事。

　　有一次，我從外縣市培訓完返回 A 城後，搭到了一位中年女司機的計程車。

　　在得知我是培訓師後，她向我分享了她生活中的兩件事情，說想聽一下我的意見。一件事是，她打算送 10 歲的女兒去學古文，因為她在家長群組裡看到很多人在炫耀自己孩子的古文知識量，她看著十分羨慕；再一件事，她的孩子某天感冒後想要傍晚到樓下玩耍，被她以生病為由拒絕了，孩子雖然聽了，但嘟著嘴巴並不服氣。她問我她這樣做對不對。

4. 讀懂！懂一個人比愛一個人更重要

　　我想了想，告訴她我的看法：第一件事，對孩子來說其實是「興趣決定志向，志向決定學習方向」。古文屬於選修項，且學成非一日之功，可以先帶她去現場體驗一次，觀察她有沒有興趣。如果孩子沒興趣而你又不指望她將來做語言學家，那就應尊重她的意願。第二件事，我送給她一句話：「人教人，教不會；事教人，一次會。」然後讓她自己去思考「除了訓斥和強制手段，還有哪些方式能讓孩子明白『感冒後不宜到戶外玩耍』的道理。」

　　有一種傷害，叫做「我都是為你好」。

　　家庭之愛如此，男女之愛亦如此。

　　假如她想要一個蘋果，你卻給了她一筐梨，這是愛嗎？

　　沒錯，這也是愛，不用懷疑。因為，這一筐梨可能已是你的全部。換言之，你儘管沒能給她想要的，卻願意為了她傾盡所有。如果這都不算愛，那這算是什麼？

　　如果那人是你，你會不會有一點點感動？

　　不管你有沒有，筆者運筆至此都有些感動，因為這又讓我想到那個「貓和豬當朋友的故事」。

　　貓和豬是一對好朋友。

　　有一天貓掉進了一個大坑裡。豬拿來繩子，貓讓豬把繩子扔下來，結果豬把整捆繩子都扔了下去。貓很鬱悶地說：「都扔下來，你還怎麼拉我上去？」豬說：「不然怎麼做？」

159

第六章　有愛：成就他人即成就自己

貓說：「你應該拉住繩子的一頭啊！」豬馬上也跳進了大坑，拿起了繩子的一頭，說：「現在可以了！」貓哭了，哭得很幸福！

然而現實中一個揪心的事實卻是：被你感動是一回事，答應你還是發給你一張「好人卡」，則又是另外一回事。

懂一個人並不一定是因為相愛，也可以是如伯牙子期那般「高山流水遇知音」的相互欣賞。然而真的愛一個人，卻一定要先懂這個人！因為愛以幸福為唯一目標，而幸福的前提就是要先充分了解對方的喜好、感受並尊重對方的選擇，這樣才能「有情人終成眷屬」。

但，假如她一心只喜歡蘋果，而你也真的只有梨，那大家依然可以不失尊嚴、了無遺憾地真誠為對方祝福——有時候，適時放手是因為懂，選擇放手是因為愛。

將一切都交給時間，最終她一定能找到屬於她的蘋果園；而你，也一定會找到你生命中的梨園。

這只因為：一心嚮往光明，前方自有真愛。

5. 認清！無情是世間最特別的愛

> 天行有常，不為堯存，不為桀亡。
>
> —— 荀子

「小善似大惡，大善最無情。」

通常來說，所有關於愛意的表達似乎都應當充滿溫情、使人舒適，但其實這是對愛的一種誤解。

有時候，嚴肅、嚴厲甚至無情同樣是一種愛。儘管這種愛的表達很另類，也讓人不那麼好接受，並且給予這種愛的人自身也痛苦；但從某種程度上說，無情的愛才是更負責任的愛，尤其是在父母愛子女方面。關於如何愛子女，戰國時期趙國大臣觸龍對趙太后的諫言仍具有教育意義，「父母之愛子，則為之計深遠」。

如今，我們時不時就會看到關於「巨嬰」、「啃老族」的報導，說明很多家長的教育觀念出了問題，而很多孩子的觀念更是錯得離譜，華人作家劉墉也曾感嘆說：「今天有多少孩子，既要美國式的自由，又要中國式的寵愛；沒有美國孩子的主動，又失去了中國的孝道。」

在教育孩子方面，有些家長還不如自然界的老鷹。

第六章　有愛：成就他人即成就自己

一隻小鷹出生後，享受不了幾天舒服日子，就要接受母鷹近乎殘酷的「訓練」。待小鷹初步掌握飛行技能，母鷹就會把牠們帶到樹上或懸崖邊，然後鬆開爪子把牠們丟下去任其飛翔。因為母鷹知道，這是決定小鷹未來能否在廣袤的天空自由翱翔的關鍵所在。

有的獵人動了惻隱之心，偷偷把幾隻小鷹帶回家餵養，後來卻發現這些被餵養長大的鷹至多飛到房屋那麼高。

試想，一個從小在爸媽「360度保護傘」下長大、從來沒經歷過摔打歷練的孩子，又如何指望他長大後在社會上獨立自強、勇挑責任？

《道德經》說：「天地不仁，以萬物為芻狗。」

天地孕育了自然萬物，猶如萬物之生身父母，但其對待萬物卻不會太仁慈，無論是對待作為高等靈長類的人類，還是用草紙紮成的狗，都一視同仁。然而，上天降下的陽光雨露、大地孕育的萬物，卻依舊給予了人類和自然界的生命得以生存的基本物質。

無論是動物還是人類，終歸要依靠自己的翅膀去翱翔，這才是長遠的生存之道！過度保護與過度依賴一樣都是變相的傷害。

6. 拒絕！不被道德綁架是成熟的選擇

> 朋友間當遵守以下法則：不要求別人寡廉鮮恥的行為，若被要求時則應當拒絕之。
>
> ── 西塞羅

● 任何以正義為名的行為都不可逾界

有人的地方，就有江湖。有江湖的地方，就有俠客。而網路，是一個超級江湖，在這個江湖中有一種俠客，叫「酸民」；有一種綁架，叫道德綁架。

俠客本應以俠義為懷、以拯救普通民眾為己任！但諷刺的是，恰恰是自詡正義的「酸民」，在充當著道德綁架與網路霸凌的幕後推手。

想像一下，當你是以下情景的當事人時，會有何種反應：

‧你比大家都有錢，怎麼才只捐這麼一點？

‧看你年紀輕輕有手臂有腿的，就不懂得讓個座給老人嗎？

‧不就是劃了你的車嗎？他還小，你跟一個孩子計較什麼？

第六章　有愛：成就他人即成就自己

‧這杯酒我已經乾了，你只抿一小口是瞧不起我？

‧我不是道過歉了嗎，你還想怎麼樣？

……

在這個社會中，所有人的人格和尊嚴都是平等的。但從什麼時候起，我們竟有資格對別人的行為指手畫腳？

醫治手術檯上的犯罪嫌疑人固然是醫生的職責，但假如那名犯罪嫌疑人傷害的是醫生的親眷呢？醫生可以拒絕為其救治嗎？從職責上看，醫生須一視同仁；但旁觀者卻不能以正義之名去苛責醫生，否則將有道德綁架之嫌。

心理學家蘇珊‧佛沃（Susan Forward, Ph.D.）在《情緒勒索》（*Emotional Blackmail*）一書中深入剖析情緒勒索（即道德綁架）的行為與後果。她認為：「情緒勒索就是勒索者抓住受害者的恐懼感、責任感和內疚感，雙方一起被困在惡性循環之中。」

《詩經》有云：「投我以桃，報之以李。」

國家為我們創造了言論自由的環境，賦予了我們言論自由的權利，那每個公民亦應守住言論自由的邊界，既不能違反法律，也不可違背公序良俗，更不能以傷害他人為代價來滿足個人的一己私欲。也就是說，無論我們是以正義之名，還是自認為占據了道德的制高點，都不能讓言行越過底線，否則反而會給了別有用心者可乘之機，造成嚴重的後果。

6. 拒絕！不被道德綁架是成熟的選擇

● 警惕將「道德綁架」一詞 作為攻擊武器的現象

沒有人希望被道德綁架，然而一些人在將之作為攻擊他人的「思想武器」時，卻又運用得爐火純青。

比如，當你向某人提出一個善意的建議時，若言語不稱其心，對方便會因此指責你是在進行道德綁架，於是你以後不敢再提建議。但其實，這種扣帽子、無限上升的指責又何嘗不是一種道德綁架？若此風不剎，「綁架」是沒有了，但「道德」也會跟著一同消失！人人都只敢「各掃門前雪」，確實不會有過錯，但整個社會的人情卻冷漠若冰霜……

身在其中，個人又將如何自處？

曾經有人說：這世上有兩樣不能直視的可怕東西，一是太陽，二是人心。今天，筆者在此也要說：這世上比道德綁架更可怕的，是道德喪失；比親情綁架更可怕的，是親情不再。若任由此類歪風蔓延，實非國家和社會之福。

「拒絕他人道德綁架，做回自己；絕不道德綁架他人，從我做起！」個人心語，願與諸君共勉。

第六章　有愛：成就他人即成就自己

7. 傳遞！來一場愛的接力賽

只有當你給予你的朋友某種幫助時，你的精神才能變得豐富起來。

—— 蘇霍姆林斯基（Vasyl Sukhomlynsky）

● 心懷感恩，便不會將命運視為對手

一個人奔跑於追夢的路上，免不了要經歷各種磨難、各種坎坷。這就需要有一種自我激勵的信念，比如「人定勝天」、「戰勝命運」等。

這些話語確實勵志。然而，在「勝天」、「勝命運」的過程中，當磨難超過個人所能理解與承受的範疇時，一些人又開始指責上天的不公、埋怨命運的不平。抱怨者的牢騷與失意者的哭泣當然無人問津，但假如能將上天和命運「擬人化」，那「他們」大概也會很無辜地回應：「明明是你自己說要來戰勝我、征服我，現在敗給我，卻又對我生出這許多抱怨⋯⋯」

而抱怨、牢騷不僅於事無補，久而久之還可能會讓你不再相信愛，甚至在別人跟你談愛、談感恩、談奉獻時，你還

會嗤之以鼻。

有時想想,為什麼一定要「人定勝天」而不是「天人和諧」?為什麼非要「戰勝命運」而不是「與命運同行」?人類前赴後繼地宣稱要征服大自然,但人類真的能征服大自然嗎?不,不,就連人類自身都只是大自然的一部分!就像你曾經成功登頂過聖母峰,那就代表聖母峰被你征服了嗎?

有位藝術家曾先後四次站上聖母峰之巔!但他說得最多的感觸卻是:「不是我征服了聖母峰,而是聖母峰接納了我。」很多人認為登頂聖母峰是對大自然的征服,他卻說:「不,那是大自然對人的教誨與護佑。」

一個人能四度登上聖母峰之巔,相信對於出發與到達、信念與堅守、愛與生死等理念必然有著常人所不及的深刻理解和感悟。

那他的話意味著什麼?

意味著一個人在出發之前要心懷敬畏,在行進途中要堅韌不拔,在勝利之後更要謙恭感恩。

人類與大自然的關係是共生而非征服,與其狂妄地將上天、命運等視為要去戰勝的對手,不如心懷感恩將其看作人生路上忠實可靠、只是時刻在磨礪我們的合作夥伴。也正如《軍師聯盟之虎嘯龍吟》中司馬懿的經典臺詞:「臣這一路走

第六章　有愛：成就他人即成就自己

來，沒有敵人，看見的都是朋友和師長。」這才是真正意義上的「天下無敵」。

心不老，永遠是少年；常感恩，四海皆知己。

● 與命運和解，才能釋放大愛

所獲皆恩，所遇皆師。

人生在世，難免遇到傷害我們的人，我們或許也無意間傷害過別人，但只要仍能以一顆感恩的心去思考和面對，一切就都不是問題。

西德尼・史密斯（Sydney Smith）認為：「生活中有許多這樣的場合：你打算用憤恨去實現的目標，完全可能由寬恕去實現。」

如果你曾經在潛意識中將命運視為要去戰勝的對手，筆者真誠建議你即刻與命運和解，也就是從心底對它說：「嘿，我的夥伴，無論未來你會給我什麼，都讓我們握手言和吧！」然後，集中精力做你該做的事。

南非前總統曼德拉（Nelson Mandela）曾被政敵關進監獄長達27年，他人生的三分之一都在坐牢。但他成為總統後做的第一件事卻不是清算政敵，而是推進民族和解政策。曼德拉認為，「倘若我不能把過去的悲痛和怨恨留在身後，那麼我其實仍身處獄中。」

7. 傳遞！來一場愛的接力賽

如果連命運這個曾經最大的對手我們都能與之和解，那以前在生活中曾對我們帶來傷害的那些人，又有什麼不能「相逢一笑泯恩仇」的呢？

● 傳遞愛，讓愛生生不息

著名作家蕭伯納（George Bernard Shaw）曾說：「如果你有一個蘋果，我有一個蘋果，彼此交換，那每個人還是一個蘋果；如果你有一個思想，我有一個思想，彼此交換，我們每個人就有了兩個思想，甚至多於兩個思想。」

愛的交換、分享與傳遞，原本也應如此。

然而現實狀況卻不容樂觀：當今社會，很多人浮躁、自私、冷漠。自從一些事件引發軒然大波後，就連紅十字會都遇上重大的信任危機，其公信力不斷遭到質疑，也進一步傷害了社會大眾對愛心傳遞過程中的基本信任。

無論你生活在什麼樣的環境中，都應當聆聽自己心底的聲音：作為個體，我們到底想要生活在一個什麼樣的社會環境中？我們喜歡與什麼樣的人打交道、討厭什麼樣的人、現在的自己又是怎樣的人？如果你堅信明天會更好，那麼不管他人如何，你能對自己的言行首先負起責任嗎？你願意為這個社會多一份正能量去盡一份綿薄之力嗎？

某報曾報導過一個愛心傳遞的故事，其中的溫情至今仍

第六章　有愛：成就他人即成就自己

令筆者感動：

2012 年 4 月 16 日下午，計程車司機 A 載了一位盲人乘客，計價器顯示車費 320 元。司機 A 拒絕收費並將其攙扶到目的地，然後說了一句「我不偉大，我不收你錢是因為我比你賺錢容易」。

當他把這件事告訴下一位乘客後，這位乘客下車時堅持多付費給他，並說：「這錢包括剛才那位的。我也不偉大，但賺錢比您也容易點，就希望您繼續做好事吧！」

一句暖心的話語，連起兩顆愛心，感動了無數人。

那麼，將我們心中的這份愛心傳遞出去，要耗費很大的時間、力氣或錢財嗎？當然不需要，其實只需要我們在生活中釋放一份善意。

・微笑：無論是身邊的人還是陌生人，在與對方眼神交流時，一個善意的微笑足以令人心情愉悅。

・問候：早上進公司後第一時間和大家打招呼，對他人的招呼給予熱情回應。

・幫助：比如在公共交通工具上為有需求的人讓座，遇到需要幫助的人主動伸出援手。

・讚美：用善於發現美的眼睛對身邊人的衣著、打扮、談吐等給予真誠的讚美。

・關心：當看到他人不開心或情緒低落時，可以說一句：「有什麼需要我幫忙的嗎？」

……

總之，日常生活中的許多微小舉動，哪怕只是一個善意的眼神，也能讓對方瞬間感受到溫暖。而在這個過程中，每個人都將體會到更多的快樂與幸福！這便是著名詩人華特・惠特曼（Walt Whitman）在〈大路之歌〉中頌揚的：「從此我不再希求幸福，我自己便是幸福。」

星星之火，足以燎原。

你知道一種遊戲「擊鼓傳花」嗎？

無論室內氣氛多麼沉悶，一個小小的擊鼓傳花遊戲便能讓氣氛熱烈起來。而愛的傳遞，就是在生活這個「室內」擊鼓傳花。「愛出者愛返，福往者福來」——你今天傳出去的是一朵小花，有朝一日傳回到你手中的，很有可能是一片花海！

我堅信，以愛心和善意去帶動一個人，就能影響到他背後的一個家庭、一個圈子。

我堅信，在眾人愛心接力的不斷循環中，有一天定能讓世道人心重回「真誠質樸」，讓社會風氣重歸「平和友善」——而那，正是我們每一個人心中嚮往和期許的。

我堅信，這一天，我們一定都能看得到！

第六章　有愛：成就他人即成就自己

精彩回顧

◎每個人的心靈深處，都有一片取之不盡、用之不竭的玫瑰園，那正是與生俱來的愛。

◎為愛而活，活得值得；為愛而死，亦死得其所。

◎博愛眾生為大，男女情愛為小，愛人而不刻意求回報為真，以愛之名行占有目的為假。

◎讓人感動，並不需要你有多大的力量，只需一份擔當；讓人想念，也不需要你有多高的 EQ，只需一份善良。

◎唯有以一顆真誠的悲憫之心導航，才能到達理想的彼岸。

◎無論我們是以正義之名，還是自認為占據了道德的制高點，都不能讓言行越過底線。

◎比道德綁架更可怕的，是道德喪失；比親情綁架更可怕的，是親情不再。

◎一個人在出發之前要心懷敬畏，在行進途中要堅韌不拔，在勝利之後更要謙恭感恩。

第七章
有度：
胸懷寬廣的格局氣度

第七章　有度：胸懷寬廣的格局氣度

1. 人生 90% 的事不值動怒

> 世界如一面鏡子：皺眉視之，它也皺眉看你；笑著對它，它也笑著看你。
>
> —— 山繆・詹森（Samuel Johnson）

● 讓你不再易怒的「垃圾人定律」

常言道，人生不如意事十之八九。

假如我們把這句話反過來說，即「人生如意事十之八九，不如意事十之一二」，又當如何？我們的生活會因此擁有更高的快樂指數嗎？

短期內也許可以，但隨之而來的一定會是更長時間、更深程度的失望、沮喪與憤怒！

布魯斯是紐約水牛城一個電視節目的新聞評論員。他牢騷滿腹，運氣也差到了極點，但他把一切都怪罪到了上帝頭上，並咒罵上帝。上帝受夠了他的抱怨，便決定賜予他一天神力，讓他管理世界。

布魯斯擁有神力後很快就對不計其數的祈禱煩不勝煩，於是，他對所有祈禱一次性按下了 YES 鍵。結果，全城人都

中了樂透頭獎,但由於每個人只能領到17美元,大家由最初的滿心期待變為失落、失望,接著是質疑、憤怒,最後演變成了一場街頭暴動。

正如阿德勒指出的:「我們的煩惱和痛苦都不是因為事情本身,而是我們加在這些事情上的觀念。」

生活有時簡單得像一汪清水,我們直來直去地飲之即可;有時卻又醇厚得像紅酒,需要細細品味才能嘗到其中的滋味。而在所有讓我們感到憤怒的事件中,有90%是本可以輕鬆避免的!這當然不是靠簡單的一句「退一步海闊天空」,而是需要你掌握幾乎能消除一切負能量的「垃圾人定律」。

所謂「垃圾人定律」,是由大衛·波萊(David J.Pollay)所著《垃圾車法則》(The Law of the Garbage Truck)衍生而來,其核心思想是「每當有垃圾人向你走來,你就微笑、揮手、祝福、前行」。要知道,這世上有許多深陷負面情緒的人急需找人「傾倒」,有時很不幸就被你撞上了。

正如「被狼人咬過的人也會變成狼人」,稍不注意我們也有可能被傳染成新的「垃圾人」。

為什麼有時候你和別人吵完架後,會產生很過癮的感覺?那是因為你體內積存的「情緒垃圾」被你倒在其他人身上了!顯然,這種飲鴆止渴的舒爽是短暫的,並且是不道德

第七章　有度：胸懷寬廣的格局氣度

的。就好比每一個地痞流氓都只能在「欺壓良善」的行為中得到快感。

城市中的生活垃圾為什麼要統一傾倒，還要分類管理？

因為若大環境都被汙染，最終被燻臭的還是我們自己，「情緒垃圾」也是如此。當遇到那些張牙舞爪、囂張跋扈的「垃圾人」，我們要麼果斷報警，要麼微笑禮送瘟神，唯獨不必去與其互吵，以免被對方一身的「垃圾」沾染。否則，就算你吵贏了，也還是輸了。

對此，有個小故事比喻得可謂貼切。

與禽獸搏鬥的三種結局：贏了，比禽獸還禽獸；輸了，禽獸不如；打平，跟禽獸沒什麼兩樣。

當然，路見不平、拔刀相助的見義勇為不在此列。

● 慎做禮貌卻固執的「三季人」

「夏蟲不可語冰，井蛙不可語海。」

這兩句話，說的是社會上的另一種人——「三季人」。

與一言不合就開罵洩憤的垃圾人不同的是，「三季人」還是很禮貌、很斯文的，只不過，這類人認知層次較低、見識短淺，思考方式往往比較簡單，直白點說就是「非黑即白的思維」。

1. 人生90%的事不值動怒

最早提到「三季人」概念並有據可查的，是《論語》中的一個典故——「子貢問時」，篇幅所限，略去這段故事，有興趣的讀者朋友可上網自查。

筆者在《奮進者》一書中寫到的某位董事長也分享過一個類似的案例：

有一次，她對弟弟說：「我們這棟樓的後面有一座山。」

她弟弟看到樓後面只是一條大街，便問她哪來的山。董事長告訴他：「你眼中看不到山，是因為你從沒上過這棟樓的樓頂。我上去過，所以我知道後面有一座山。」

眼界決定胸懷，視野決定世界。

我們實在沒有必要與「三季人」爭一日之短長！人生有太多重要的事、精彩的路在等你探索。遇到這兩類人，只要能以「三人三度法」（見圖7-1）應對，定能將日常90%的怒氣都消弭於無形：

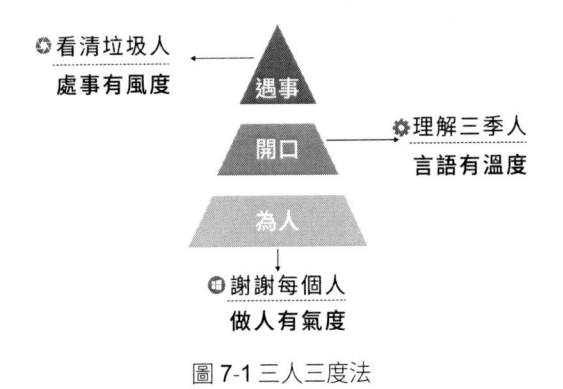

◎看清垃圾人
處事有風度 ← 遇事

開口 → ◎理解三季人
言語有溫度

為人
↓
◎謝謝每個人
做人有氣度

圖7-1 三人三度法

第七章　有度：胸懷寬廣的格局氣度

　　與此同時，我們仍有必要保持警醒：並非所有與你價值觀念、看法不同的人都屬於「垃圾人」或「三季人」，一言不合就替對方貼上此類標籤，反而證明了你骨子裡的傲慢與膚淺。換言之，別人若是五季人、六季人呢？說不定在對方眼中，你才是真正的「三季人」。即使你有一天掌握了真理，那也不是因此輕視他人的理由。

　　遇事冷靜，待人平和，寬人律己，才可能避免生活中90％的麻煩事。

2. 胸懷從來不靠委屈撐大

在這個世界上想有所成就的話，我們需要的是豁達大度，心胸開闊。我一向主張做人要寬宏大量，通情達理。

—— 辛克萊・路易斯（Sinclair Lewis）

● 委屈撐大胸懷只是小機率事件

偶然成功，絕不等於必然成功。

有些事情，其實是少之又少的小機率事件，就像所有的賭徒都幻想著能靠賭博致富，但事實上卻是十賭九輸，絕大多數賭徒因此傾家蕩產。

有一生以賭為業獲得成功的人嗎？

有，但太少了，不具有參考價值，普通人也學不來。

在現實社會中，從來就不是「別人買一張樂透中了大獎，那我買一張也能中」那麼簡單，更不是「委屈既然能撐大別人的胸懷，那也一定能撐大我的」。

正如致富不能靠樂透，胸懷也不能靠委屈撐大，永遠別把小機率事件當作普世真理！千萬不可相信什麼「胸懷、格

第七章　有度：胸懷寬廣的格局氣度

局都是被委屈撐大」之類的鬼話，那才是如假包換的「毒雞湯」。

倘若一個人不斷受委屈卻未能及時釋放，非但不能撐大胸懷，在委屈累積到一定程度後反而會引發兩種後果：要麼向外爆發變成怨恨，要麼向內爆發憋出內傷。相當一部分衝突事件多多少少都與前者有關——你會看到有的人平時看上去很老實，突然有一天就做出一件出人意料的事來。這很可能是長期內心壓抑、委屈造成的。

這絕非危言聳聽。

平均每 100 個成年人，就有 6.8 人終生擺脫不了憂鬱障礙，有將近 1 億人患憂鬱症——這些數字意味著什麼？為什麼會有這麼多人患憂鬱症？他們的鬱結為何沒能撐大他們的胸懷？你現在還覺得委屈能撐大一個人的胸懷嗎？

● 目標的不同決定胸懷的大小

人可以忍受辛苦，卻很難忍受侮辱。

在《三國演義》中，曹操在獲得官渡之戰勝利後，對曾經將自己祖宗三代都辱罵一遍的陳琳，不僅不殺，還對其封了官。曹操當真不恨陳琳嗎？未必。那是不想殺、不能殺，還是不敢殺？都不是。假如換一個人處在曹操的位置，又會怎麼處置他？

2. 胸懷從來不靠委屈撐大

曹操對陳琳之所以想殺、能殺、敢殺卻偏偏沒殺反而讓他做官,最主要的原因是其有胸懷天下之志——「夫英雄者,胸懷大志,腹有良謀,有包藏宇宙之機,吞吐天地之志者也。」

正如蘇軾〈留侯論〉中的經典名句:「天下有大勇者,卒然臨之而不驚,無故加之而不怒。此其所挾持者甚大,而其志甚遠也。」

我們常說「忍辱負重」,但其實,先負重才願意忍辱,否則,便會「匹夫見辱,拔劍而起」。

有原則不亂,有計畫不慌。

身處困境,胸懷又如何開闊?因為明天的希望能讓我們看淡今天的痛苦;明天為什麼會充滿希望?因為在你心中有一個長遠、清楚且有意義的目標!當然,這個目標並非越大越好,就像合適自己腳的鞋子才是最好的,只是目標本身一定要明確且具有永續性。

假如我們能以未來的眼界和視野去看待今天的一切,就會發覺苦難真的不算什麼事。當你將心靈遨遊到太空中再來回望地球時,瞬間就會覺得哪怕是生死都不過是過眼雲煙,心中自然也就海闊天空——這便是「不畏浮雲遮望眼,只緣身在最高層」。

當你以局中人的視角來看當下的困境,就會將許多小困

第七章　有度：胸懷寬廣的格局氣度

難放大;若你以1年後、10年後的視野來回看今天,就能生發「生活就是修行、一切都是歷練」的感慨。

筆者也曾經問一位年長的企業家朋友:人這一生,究竟是該輕裝上陣,還是應當負重前行?答曰:那要看你此生的目標是什麼。再問,復答:你志向的大小,決定了你願意負重的多少。至於是否輕裝,其實是一種心態:有些人天性剛毅樂觀,即使負重依然可以舉重若輕;而有些人即使只讓他承擔一點點,他也會叫苦不迭。

臺灣繪本畫家幾米說:「不要在一件彆扭的事上糾纏太久。糾纏久了,你會煩,會痛,會厭,會累,會神傷,會心碎。」

選擇看重、看淡還是看破,也都只在個人的一念之間。

3. 看不順眼便是反思的鏡子

當你看到不可理解的現象感到迷惑時，真理可能已經披著面紗悄悄地站在你的面前。

—— 巴爾札克

● 法理範圍內，沒有不能理解的人和事

「各美其美，美人之美；美美與共，天下大同。」

1990 年 12 月，一位著名社會學家在專題演講中，在談到如何處理不同文化之間的關係時，說出了這句話。

每一個民族、每一種文化，都有自己創造出來的美。如果我們能像欣賞自己的美一樣去尊重、理解和欣賞別人的美，然後將自己的美和他人的相結合，就能實現理想中的大同世界。

陽春白雪與下里巴人，就一定要「相看兩生厭」嗎？

筆者認為，只要在法律和道德的範疇中，便沒有不能理解的人和事 —— 無論那人是多麼自私自利、尖酸刻薄。從這個意義上說，凡是你看不順眼的，都是你需要反思的；所有你覺得不可理喻的人，也正是使你成長的人。

第七章　有度：胸懷寬廣的格局氣度

有人說：「我就是要對不喜歡的人明確表達反感，有錢難買我樂意！」這違法了嗎？並沒有。所以，這類行為本身也在可理解的範圍之內。只是，這樣會替你增添許多無謂的煩惱，也會讓自己平白樹敵，於人於己又有何益？

在法治時代，經常標榜自己愛憎分明的人可能是條好漢，但也可能是個「直腸子」，更有可能是以一己好惡來判斷是非的糊塗蛋！而當你心中憎惡的人越多，憎惡你的人也會越多 —— 這便是心理學中的「投射效應」，所有的外在都是我們內心的投射和倒影。

康德（Immanuel Kant）曾說：「我尊敬任何一個獨立的靈魂，雖然有些我並不認可，但我可以盡可能地去理解。」

18 世紀法國啟蒙思想家、文學家、哲學家伏爾泰（Voltaire）有一句名言：「我不同意你說的每一個字，但我誓死捍衛你說話的權利。」

那麼，真正地理解，到底應當是單向的還是雙向的？

比如說，你深愛著一個人，但由於種種原因你們沒能在一起。無論對方是富是貴、是老是醜，又或者你自己因為這樣的愛是痛苦還是幸福，都改變不了你心中對那個人刻骨銘心的愛意。

由此，我們便可以得出另一個真相：我理解你，與你何干？

3. 看不順眼便是反思的鏡子

就像三毛寫在文章裡的一句話:「你若盛開,清風自來。」但其實,「你若盛開,清風愛來不來」。

真正的理解為什麼是單向的?你好我好大家好的雙向理解它不好嗎?當然好,但因為我們控制不了他人的行為,也不能根據他人的行為來決定我們的行為。正如《論語》指出的:「君子務本,本立則道生。」我們唯一能控制的就是做好自己的本分,也唯有單向理解,才是不需要附加任何前提條件的理解。

這就又要說回「霍金斯意識能量級表」了。

人的能量場只有處在相近的層次或相同的環境時,才可能引發真正的相互理解。比如,無論是對手還是仇人,當一同面對近在眼前的死亡威脅時,瞬間就都能理解生命的可貴從而放下過往怨恨一致對外。而平時身處於不同層次、不同精神世界中的人是很難求同存異的。

若你在試圖理解對方時,要求對方也必須同樣理解你;又或者對方沒有理解你,你便拒絕再理解對方,那你所謂的雙向理解將如何進行?這種流於表面的理解對我們又有何助益?

哪怕對方囂張地認為我們對他的理解是理所應當的,只要事件還在法律和道德的界線內,我們依然能夠給予理解!因為,這類人便是前文中提到的「垃圾人」、「三季人」。

第七章　有度：胸懷寬廣的格局氣度

● 理解和接受是兩回事，二者不可混為一談

理解的，不一定都認同；認同的，也不一定都要接受。

理解的是心情，認同的是立場，接受的則是做法。在司法實務中，有一個名詞叫做「衝動型犯罪」，這種犯罪行為是可以給予同情和理解的，但該判刑還是要判刑！兩者絕無衝突，也不可混為一談。

理解從來不代表接受，包容也不意味著縱容！伏爾泰的那句名言，反過來說其實也一樣成立：「我誓死捍衛你說話的權利，但恕我依然不能接受你說的每一個字。」

再比如，你在一輛擁擠的公車上被一隻「鹹豬手」騷擾，轉頭一看卻並無異常，你以為之前的碰撞只是一次意外因而大度地表示理解，但隨後又發生了第二次，這時候你還要繼續理解嗎？

不，不，對已經越過法理界線的侵權行為，是可忍，孰不可忍，甚至要「零容忍」。

這當然不是教你遇到挑釁就要衝上去打架──如果你打不過對方，受傷的是你自己；如果你打得過，甚至還打傷了對方，有理也會變成沒理。觸犯法律之人自有法律懲戒。而筆者最早對於「理解不等於接受」這句話有所感悟，還是因為 20 多年前在石化塑膠廠當保全時的一次經歷。

當時，絕大多數車輛都不像現在自帶消防設施，工廠明

文規定：每一輛進入廠區的外部車輛都必須先停靠在門口安裝防火器，做好登記，否則保全有權不予放行。

這個安全制度當然要嚴格執行，若違反，車輛和保全都會受罰。但有時候，同一輛車一天進出廠好幾次，高峰時期保全處的防火器甚至不夠用。這讓一些老司機難免嫌煩，繼而心生怨懟。於是筆者的一位同事就善意地開導他們：「我們非常能理解你們的心情，這個規定確實為你們帶來了不便。」

聞聽此言，原本要向外走的老司機忽然又轉過身，高高揚起手中的滅火器反問道：「你們理解？你們的理解管用嗎？這個破東西可以不裝嗎？」

對不起，不可以。

● 一件事的真相只有一個，但道理卻有很多個

有時候，別人的行為並沒有直接侵犯我們的利益，但還是有可能令我們憤憤不平。

大家是否聽過或經歷過這樣的情景：

你在通訊軟體上向一個朋友傳訊息請他幫忙，結果沒等到他的回覆，卻看到他更新了社交平臺。

筆者曾就這個問題在課堂上提問學員，結果全班 100 多

第七章　有度：胸懷寬廣的格局氣度

人大部分人竟然都表示遇到過這種情況。當我問大家的處理方式時，五花八門的回答讓我的後背都有些發涼：有說直接刪除通訊軟體帳號的，有說果斷封鎖的，有說要打電話去質問的，有說一件事情看清一個人很划算的，還有說這種朋友一定要絕交的……一時間群情激憤。

能因對方不回訊息就絕交，可見他們之間的感情有多脆弱。即使沒有「訊息不回卻發文更新」這檔事，缺乏信任的雙方鬧翻也是早晚的事。

那麼，什麼叫「一件事情的真相只有一個，但道理卻有很多個」？

朋友幫忙是情分，沒幫忙是本分。換言之，別人回你訊息是對的，不回也是對的；先回你訊息再發文更新沒問題，先發文更新再回你訊息也沒問題；答應幫你正常，拒絕幫你也正常──至於為什麼沒先回覆你卻先發文更新，可能是沒想好，也可能是一時遺忘……但無論哪種原因，對方都是有道理的，如果你因此便將其刪除、封鎖甚至與其絕交，反倒說明心胸狹隘的不是別人，恰恰是你自己。

有時候，已讀未回本身就是一種回覆，無言的沉默已經表達了態度！甚至在有些問題上，以沉默回應雖然無奈卻也最適合，同時又不傷和氣。

3. 看不順眼便是反思的鏡子

　　細細想來，只要事情沒超過法理的界線，又有什麼樣的人與事值得我們難以釋懷？一如楊絳先生所說：「人生有兩種境界，一種痛而不言，一種笑而不語。」

　　痛而不言是成熟，笑而不語是風度。

第七章　有度：胸懷寬廣的格局氣度

4. 殘缺之中也有獨特之美

　　世界上的事情，最忌諱的就是十全十美，你看那天上的月亮，一旦圓滿了，馬上就會虧厭；樹上的果子，一旦熟透了，馬上就要墜落。

—— 莫言

● 人應以追求卓越之心力求完美

　　追求卓越者強，臻於至善者勝。

　　任何人、任何職位都能夠以追求卓越之心去成就完美——哪怕你只是一名普通的清潔人員、洗碗工，只要你每天都將地板清洗得一塵不染、餐具洗得乾乾淨淨，這也是一種卓越。

　　一位新聞工作者曾在一次演講中說：「毀掉一個人最好的方式，就是讓他追求完美和達到極致。」

　　但其實，我們在引用這句話時應加以甄別，以免誤用。筆者相信，他想表達的其實是：假如人因過度吹毛求疵而陷入完美主義陷阱，將得不償失。就像一個人在每件事上都想拿 100 分，又或者過於執著於眼前這 100 分，卻忽略了其他

4. 殘缺之中也有獨特之美

更重要的事情。而這類人,大多數患有不同程度的強迫症。

人生路上,我們既要堅持對自己精益求精,也應注意對外界審時度勢,兩者不存在對立關係,而是相輔相成的。

那麼,客觀上講,這個世界上存在絕對意義上完美無缺的人、事或物嗎?

就像在象棋中沒有一個無用的廢子,在字典中也沒有一個用不到的廢字。既然「完美」這兩個字能被創造出來,那就說明一定有能表現完美的事物存在。

我們常聽到:「XX出品,必屬精品。」但任何精品都有其壽命,也因此,完美並不是一個固定的名詞,而是處於不斷變化中的形容詞。換言之,完美與極致都是相對而言的!一如我們永遠都不知道數學中最大的那個數字到底是多少,那已是宇宙的終極奧祕。

● 不完美,亦很美

「人力有時盡,世間無萬全。」

在某部電視劇中,有一句筆者特別喜歡的臺詞:「蒼天存千古,多少興亡事,任你將人事做絕,總有不可企及之處;萬物正,己自強,那,便是天理。」

正如前文所說,「一個事事都想拿100分的人,是掉入了完美主義陷阱」,這樣的「完美心理」非但不會為人帶來成就

第七章　有度：胸懷寬廣的格局氣度

感,反而會讓人生出許多不必要的痛苦,這便是佛家所說的「我執」。

假設一個人在一場車禍中不幸失去了一條腿,那他今後的人生要怎麼辦?一直自怨自艾嗎?身有缺陷已是一種不幸,還要賠上那依然有望的珍貴餘生嗎?

卡內基 (Dale Carnegie) 曾在《人性的弱點》(*How to Win Friends and Influence People*) 一書中寫道:「接受既成事實,是克服隨之而來的任何不幸的第一步。」

一位國學泰斗也說:「每個人都爭取一個完滿的人生。然而,自古及今,海內海外,一個百分之百完滿的人生是沒有的。」

從美學的角度來看,殘缺美也是美,還是一種別樣的美。

這當然不是教你放任「缺陷」的存在,而是說我們竭盡所能去做到最好,但當力有不逮時也要適時放下,切忌猶豫不決,這便是「因上努力,果上隨緣」。

花開花謝,月圓月缺,物極必反,盛極則衰。

陶醉在完美的喜悅中沾沾自喜,與沉浸在有缺陷的痛苦中不能自拔一樣充滿危險!也正如《三國演義》中李恢說服馬超的經典對話:「越之西子,善毀者不能閉其美;齊之無鹽,

4. 殘缺之中也有獨特之美

善美者不能掩其醜；日中則昃，月滿則虧，此天下之常理也。」

不完美的人生才是更真實、自然的人生。一位法國哲學家認為：「如果你要得到仇人，就表現得比你的朋友優越；如果你要得到朋友，就讓你的朋友表現得比你優越。」關於何時需要以自嘲的方式來保護自己，我們在下一章「有趣」中詳述。

有缺陷才能讓人有所思，有所思則終能有所悟，有所悟則必會有所得。

不完美，真的也很美。

第七章　有度：胸懷寬廣的格局氣度

5. 有度量不等於討好一切

良心是我們每個人心頭的崗哨，它在那裡值勤站崗，監視著我們別做出違法的事情來。它是安插在自我中心堡壘中的暗探。

—— 毛姆（W. Somerset Maugham）

● 不願解釋的人，只會傷人更深

「流丸止於甌臾，流言止於智者。」

儘管儒學集大成者荀子的這兩句話為人所熟知，但在今天這樣的網路時代，流丸依舊可以止於甌臾，流言卻未必還能止於智者。

今天的網路使用者數量已超 10 億，在網路自媒體等超級放大鏡的加持下，謠言一旦傳開就會漫天飛起，指望謠言止於智者的想法本身就是不智的。

謠言，只會止於當事人第一時間的澄清、溝通，或者發表聲明，而非所謂的智者。

這是因為，永遠都有一大批不明真相、看熱鬧不嫌事大的「吃瓜群眾」傳遍謠言。他們不明真相也就罷了，偏偏還都

5. 有度量不等於討好一切

認為自己是手握真相與真理的「福爾摩斯」；而每一個以訛傳訛的謠言，對他人而言不過是一次茶餘飯後的消遣話題，對當事人卻造成了難以想像的傷害。

幾年前，有段時間「不解釋」這三個字特別流行。

當時筆者還在上班，身邊一群同事有事沒事就喜歡將「不解釋」三個字掛在嘴邊，別人稍有疑問就丟出一句「不解釋」，然後轉身留給對方一個華麗的背影。

事實上，不解釋不是一種智慧，而是一種高傲、無知，有時甚至是掩蓋無知的一種矯情。

人與人的關係也禁不起「不解釋」，曾經堅不可摧的信任、不可磨滅的真情最終不可挽回，相當程度上是因為在誤會產生的最初階段沒能重視、沒有解釋。

讓一份感情過期、變質的最好方式，便是有分歧時一方不主動解釋，另一方也不願意聽對方的解釋。在這個時代，最不缺的就是誘惑，最善變的就是人心，等到有一天裂痕難復，你再想去解釋和挽回，已經沒有機會了。

節目主持人蔡康永說過：「你讓一件事過去三次，你就再也沒有興趣去追究它了，等憋在心裡的氣慢慢消了，兩個人之間的裂痕也就產生了。」

第七章　有度：胸懷寬廣的格局氣度

● 傳統美德需要人人守護

「無事不惹事，有事別怕事。」

都市浮躁喧囂，網路烏煙瘴氣，對一個普通人來說隨波逐流是最容易的，能夠明哲保身已是不易，而最為難能可貴的，莫過於敢為正義發聲，能夠「路見不平一聲吼」。

為什麼今天很多人「路見不平」時都低頭繞過？是人們的古道熱腸、正義之心已消弭，還是說傳統美德已然過時？

數千年間，無數先賢的優良品德匯聚成包括仁愛孝悌、謙和好禮、誠信知報等在內的十大傳統美德，這是在歷史長河中代代傳承、深刻在整個文明骨髓中的價值操守，又怎會過時？

「為眾人抱薪者，不可使其凍斃於風雪；為正義開路者，不可使其困頓於荊棘。」

也因此，在力所能及的範圍內勇敢且理性地堅持為正義發聲，便是在守護我們的傳統美德與價值理念，也是每一個中華兒女義不容辭的責任和擔當。

40多年前，德國牧師馬丁・尼莫拉（Martin Niemöller）寫下一首警醒世人的懺悔詞——〈起初他們〉，他深切了解到：「在這個世界上，人與人的命運往往是休戚與共的。倘若不堅持真理，不伸張正義，不維護公平，在邪惡面前都只顧自身

5. 有度量不等於討好一切

利益,對他人被冤屈、被欺凌、被迫害也漠然置之,最終受到懲罰的將是我們自己。」

今天,筆者也願以個人微薄之力寫下六句感悟——〈我選擇〉,謹與志同道合的讀者朋友分享:

我選擇

我知道奮鬥有苦,但我選擇精進不斷;

我知道生活有難,但我選擇樂天不憂。

我知道誘惑有毒,但我選擇初心不忘;

我知道人性有惡,但我選擇善良不改。

我知道人生有險,但我選擇矢志不渝;

我知道人情冷漠,但我選擇熱情不熄。

精彩回顧

◎並非所有與你價值觀念、看法不同的人都屬於「垃圾人」或「三季人」,一言不合就替對方貼上此類標籤,反而證明了你骨子裡的傲慢與膚淺。

◎凡是你看不順眼的,都是你需要反思的;所有你覺得不可理喻的人,也正是使你成長的人。

◎唯有單向理解,才是不需要附加任何前提條件的理解。

第七章　有度：胸懷寬廣的格局氣度

◎人生路上，我們既要堅持對自己精益求精，也應注意對外界審時度勢。

◎不解釋不是一種智慧，而是一種高傲、無知，有時甚至是掩蓋無知的一種矯情。

◎在力所能及的範圍內勇敢且理性地堅持為正義發聲，便是在守護我們的傳統美德與價值理念，也是每一個人義不容辭的責任和擔當。

第八章
有趣：
保有童真的生命活力

第八章　有趣：保有童真的生命活力

1. 有趣，是最強社交競爭力

美麗的靈魂可以賦予一個並不好看的身軀以美感，正如醜惡的靈魂會在一個非常漂亮的身軀上，打下某種特殊的、不由得使人厭惡的烙印一樣。

—— 戈特霍爾德・萊辛（Gotthold Ephraim Lessing）

「好看的皮囊千篇一律，有趣的靈魂萬裡挑一。」

英國藝術家王爾德（Oscar Wilde）一定不會想到，他在小說《道林格雷的畫像》（*The Picture of Dorian Gray*）中的這句話，會在百餘年後的東方被奉為經典。

跟一個有趣的人在一起，單是想想都會讓人心生愉悅。

若是每天與我們共事的都是刻板無趣、精神匱乏的人，那生活得何等乏味。

一個有趣的靈魂，足以打破欣賞一個人「始於顏值」的魔咒！

在某種程度上，所謂「欣賞一個人，始於顏值，合於性格，久於善良，終於人品」也是一句「毒雞湯」—— 這句話看似是說人品重要，然而單單要始於顏值這個前提條件已是極

大的誤導。事實上，愛慕一個人確實有可能始於容顏，但對人的欣賞卻不是！

一開始就是被有趣靈魂所吸引的欣賞，往往都能禁得起歲月的洗禮與考驗。

一位當代作家曾說：「人可以無知，但不可以無趣。」另一位作家王小波也認為：「一輩子很長，要找個有趣的人在一起。」

但是，有趣絕不等同於會說幾個笑話、會講幾句肉麻情話，那充其量是有趣的最表層，有時甚至可能會弄巧成拙，變成譁眾取寵。

真正的有趣，要能對生活的本質有深刻的理解，去虛榮、戒驕滿、保童真，這樣才能將風趣融進生活中的不同場合！而這樣兼具智慧的風趣，往往又蘊含了機變、包容、胸懷、愛等特質──這就需要我們有一定的定力，做到「八風不動、寵辱不驚」。

第八章　有趣：保有童真的生命活力

2. 永保童心，生活才能快樂

夫童心者，絕假純真，最初一念之本心也。若失卻童心，便失卻真心；失卻真心，便失卻真人；人而非真，全不復有初矣。

—— 李贄

● 童真是讓人輕鬆愉悅的本源

童心就是初心，童真就是本真。

一位導演曾說：「為什麼藝術家要有一顆童心？所謂童心，也就是一顆赤誠的心。這才是一個人真正的可貴之處。」

現代社會競爭激烈，人們整日為生活東奔西走，就連微笑都變成一種生存工具 —— 在這樣的重壓下，少有人能靜下心來思考自己是否快樂、快樂的源頭在哪裡、自己的赤誠之心還在不在……

「心隨朗月高，志與秋霜潔。」

不知道從什麼時候起，我們把快樂與童真都給弄丟了。

2. 永保童心，生活才能快樂

網路上有一段以「等我有錢了」開頭的話引起無數網友的共鳴，讀來讓人既感動又心酸。

等我有錢了，把帳還完了，沒有壓力了，熬過這段時間，我就笑，笑它個三天三夜⋯⋯

越是在外部壓力大時，人的內在就越要放輕鬆，這時童真的可貴之處便顯現出來──從某種意義上說，渡邊淳一所說的「鈍感力」，也必須以童真為支撐方能持久。

不知道大家有沒有注意到一種現象：童歌幾乎都是愉悅的、積極的，只有成人歌曲才會包含百轉千迴的愛恨情仇。

● 讓成年人重拾童真的兩大法寶

(1) 仰望星空，走進大自然

要有世界觀，先要觀世界。

想想看，你有多少好奇心、求知欲是在仰望星空時被激發出來的？你有多少感悟、靈感是身處大自然時不經意間獲取的？又有多少為你帶來重大影響、改變的種子，是在你某一次的遠途旅行中悄然種下的？

哈佛大學第一位女校長德魯・福斯特（Drew Gilpin Faust）在「我們為什麼一定要走出去看這個世界」的專題演講中說：「每年要去一個陌生的地方，這是我對自己的一個

第八章　有趣：保有童真的生命活力

要求,也是從小就有的習慣,直至今日,以學習的方式旅行已成為一種傳統,我每年都會帶孩子們去一個陌生的地方……」

凡走出,必有所獲。

城市和大自然的不同之處就在於:城裡的一切幾乎都是人工合成的,缺少原始的本真,人們每天都不得不戴上各種面具生活;而遠離都市喧囂的大自然,有著神奇的療癒能力,不僅可以陶冶人的情操,更能拓寬人的視野。

想像一下:雨後初晴之時,登高臺而遠望青山綠水,體會「我見青山多嫵媚,料青山見我應如是」的心曠神怡。

仰望星空,永保敬畏心;親近大自然,激發求知欲。

人類就是這樣,在熟悉的環境中待久了就容易驕滿,只有當真正見識到「山外有山、人外有人」,那顆躁動的心靈才願意重回本真。

(2) 放低自己,向小朋友學習

每一個小朋友都是落入凡間的精靈,他們靈動的目光、純淨的心靈,許多時候都如一面鏡子在反照我們的躁動、混濁。可以說,在某些時候,小孩子才是我們的老師!

2018 年 4 月,筆者應一位老師邀請,向她一個親子班的同學們做「高『笑』自我管理」主題分享。筆者到達現場後,

才發現家長就坐在孩子們的後排。在互動過程中，每一個小朋友都很勇敢、很積極，即使有點緊張也會在掌聲的鼓勵下克服恐懼走到臺上，聽著他們奶聲奶氣的發言簡直就是一種享受。

結束後，老師誇筆者「很真誠、很厲害」，但筆者認為是孩子們的質樸和熱情點燃了自己的童心，是他們讓筆者由一個講師，變成一個向一群小朋友分享的「大朋友」。

第八章　有趣：保有童眞的生命活力

3. 短影音快感毀掉眞快樂

生活中有兩個悲劇，一個是你的欲望得不到滿足，另一個則是你的欲望得到了滿足。

—— 蕭伯納

● 短影音平臺的正向意義

「短影音五分鐘，人間兩小時。」

這是筆者的一位朋友對短影音的評價，話裡話外她都在傳遞這樣一種矛盾的想法——「我眞討厭短影音，但又離不開它」。

這就有意思了，一個人居然會離不開自己不喜歡的事物。但其實，和這位朋友有類似感受的人絕非少數。

美國心理學家馬丁・塞里格曼（Martin E.P.Seligman）在《眞實的快樂》（Authentic Happiness）一書中指出，快樂由三個要素構成——享樂（引人開懷的生活經驗）、參與（對家庭、工作、嗜好的投入程度）、意義（發揮個人長處，達到比我們個人更大的目標）。

3. 短影音快感毀掉真快樂

那麼，短影音到底為人們帶來了什麼？我們會因為它的存在而擁有更多的快樂與滿足感嗎？

相關網路資料顯示：

截至 2022 年，短影音註冊使用者數高達 8.9 億，月活躍使用者達到 7.86 億，日活躍使用者達到 4.5 億，每人平均單日使用時長超過 2 小時。其中，18～24 歲的使用者占比最高，達到了 41.6%。

資訊時代，短影音平臺其實是應時代而生的。換言之，是需求決定了供給。從某種程度上來說，現在已進入短影音時代。要知道，每天都有數以億計的各種短影音被上傳！這也意味著，即使哪天沒有了某個平臺，也必然會出現其他類似平臺。

從經濟學的角度看，如此大量的使用者、流量所帶來的商業價值是不可估量的；從社會學的角度來說，短影音豐富了人們的娛樂生活，不僅讓人們動動手指便能得到想學的知識，還能讓人們足不出戶便可以看到外面多彩的世界。

更重要的是，作為國民化社交平臺的代表之一，短影音平臺的直播功能滿足了人性中「每個人都是自己舞臺的表演者」這一重大訴求，從而讓求名者得其名、求利者得其利……

第八章　有趣：保有童真的生命活力

這麼一看，短影音簡直就是人們的福音。

既然如此，為什麼本節標題卻是「短影音給人快感，也毀人快樂」呢？那是因為「快感」並不等於「快樂」。

● 快感不等於快樂，低等趣味也不是真正的快樂

如果你是身為某類短影音主播或商家使用者入駐短影音平臺，則每天都可以利用該平臺進行直播銷售，賣完東西就能收錢、收完錢還可以規劃未來賺更多錢……這就是說，是短影音幫你實現了賺錢的夢想，你的心中能不喜歡嗎？能不生起滿足感嗎？

所以，短影音的確實實在在地提升了這部分（職業）玩家的幸福指數。

但如果你只是一個想透過看影片尋樂解悶、打發時間的普通使用者，那就完全是另一回事了！

作為短影音平臺的建構技術，人工智慧和大數據演算法對人性的了解遠超你的想像，可以說比你自己還要了解你自己！它們只需沿著你的搜尋紀錄和瀏覽足跡，便能輕易分析、鎖定你的喜好，並讓你不斷看到自己「喜歡」的各種畫面，讓你「根本停不下來」。──這便是著名學者尼爾‧波茲曼（Neil Postman）在《娛樂至死》（*Amusing Ourselves to*

3. 短影音快感毀掉真快樂

Death)一書中所指出的:「毀掉我們的從來不是我們所憎恨的東西,而恰恰是我們所熱愛的東西。」

當然,也有人真的在用短影音平臺學習知識與技能,但這樣的人實在少之又少。

人若隨欲而行,猶如蔓延野火。當你不得不從虛幻的短影音海洋退出、重回現實世界,之前所有的快感瞬間便會消失殆盡,隨之而來的就是更大的空虛、無力,甚至是罪惡感。這是因為:你並非以短影音為生的職業玩家,卻因它虛度了太多時間,錯過了許多原本該做且更有意義的事情——這正是網癮的可怕之處:你並非不知其害,只是無力掙脫。

這也是有人疾呼「無限氾濫的人工短影音就是麻痺人們神經的又一種精神鴉片,正在摧毀吞噬著我們的年輕一代」的原因所在。

一定程度上,筆者認同這一觀點,但是,技術無罪。哪怕是人類製造的大規模殺傷性武器——飛彈,若用於防禦便是正義,用於侵略才是有罪。短影音平臺是有益還是有害,全看個人怎麼使用,短影音演算法也只是充分利用了人性的弱點,而選擇權依然掌握在每個人手中。可以這樣說,在純粹的技術面前,人性是唯一的原罪。

那麼,何謂快感?欲望被滿足時所產生的感覺就是快感。何謂快樂?目標實現時所帶來的精神上、心靈上的滿足

第八章　有趣：保有童真的生命活力

就是快樂！它們的表現形式有相似之處，更有本質的區別（見表8-1）。

表 8-1 快感與快樂的異同

序號	特徵／釋義	快感	快樂
1	外在呈現	激動、亢奮	喜悅、愉快
2	引發原因	感官刺激	目標達成
3	釋放層級	感官層	精神層
4	持續時間	短暫	相對長久
5	副作用	空虛、煩躁、懊悔、自責	無

很多網友開玩笑說：「天將降大任於斯人也，必先奪其手機、斷其WiFi、收其電腦、剪其網路線、刪其LINE、封其臉書，使其百無聊賴，然後靜坐、思過、讀書、明智、開悟，而後涅槃重生……」

這個方法管用嗎？當然管用。

但前提是，你一定要先深刻了解到，「網路世界裡絕大多數令你不能自拔的都是毒藥」這一真相！否則，強行戒網癮只會迎來更大的反噬。如果是家長對孩子採取上述方式，很可能還會在孩子內心埋下怨恨與反抗的種子。

對成年人來說，除非他自己下定決心要戰勝自我、擺脫低等趣味，並為人生確立長遠目標，否則其精神世界還將在快感的腐蝕下一直沉淪。

● 豐盈自己的內心，才有真正的快樂

「君子生非異也，善假於物也。」

善於運用一切可用的條件去轉移注意力，是擺脫網癮的方法之一。

《道德經》有言：「聖者隨時而行，賢者應事而變，智者無為而治，達者順天而生。」

儘管我們一再強調「內因才是根本，外因只是影響」，但是，外因的影響同樣不可小覷！否則，2,000 多年前的孟母也不會為了兒子三次搬家了。

一個朋友曾問筆者用不用短影音，筆者的回答是：「用過，又刪了，而且是刪了又裝、裝了再刪的那種。」── 它的誘惑之大讓我感到了恐懼。只不過，解除安裝短影音軟體對筆者來說也是把「雙刃劍」，因為如果不那麼做，那筆者這三本書累計數十萬的文字是鐵定寫不出來的！但也因此失去了利用短影音平臺提升知名度的機會，其實是有得有失。

每個人的目標、使命與活法都不一樣，但有一點卻是相同的，即唯有不斷提升自我、豐富內心、開闊視野，我們才可能獲得真正意義上的永續的快樂。

曾經，一位前輩向筆者分享了不同人「外在成就與內在快樂的關係」，筆者深以為然（見圖 8-1）。

第八章　有趣：保有童真的生命活力

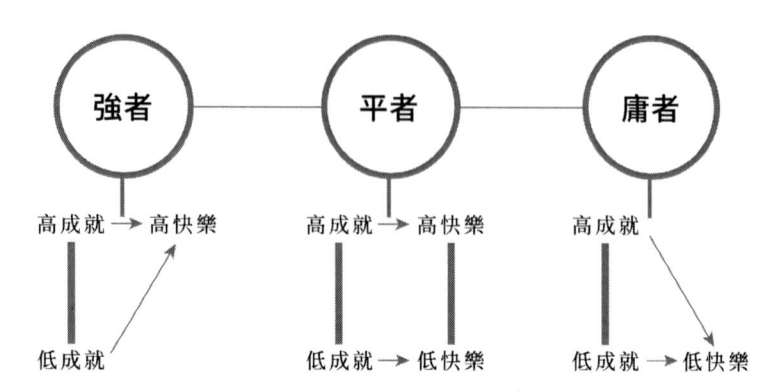

圖 8-1 不同人「外在成就與內在快樂的關係」

4. 知識底蘊決定你的語言魅力

　　缺乏智慧的靈魂是僵死的靈魂，若以學問來加以充實，它就能恢復生氣，猶如雨水澆灌荒蕪的土地一樣。

　　—— 伊斯巴哈尼（Abu al-Faraj al-Isfahani）

● 知識儲備豐富方能遊刃有餘

　　有一個成語叫理屈詞窮，意思是因為理虧而無言以對。然而，理直就一定會氣壯、理屈就一定會詞窮嗎？答案當然是否定的。

　　我們在電視上經常會看到律師為罪行累累的犯人辯護的情景，那些律師可從來沒有詞窮過。

　　這就不得不說到「辯才」二字了。

　　辯才不等於詭辯，辯論家和詭辯家也不一樣。所謂詭辯家，是你明知道對方講的是歪理，但在對方巧舌如簧的辯解之下卻難以找到合適的語言反駁；辯論家則不然，他們仍以事實為依據，善抓重點、引經據典、妙語連珠，就如同正義的天使化身一般。可以說，每一位優秀的公訴人、律師都是辯論專家，有時還會是演說家！

第八章　有趣：保有童真的生命活力

一言可興邦，一言亦可喪邦。

出眾的辯才不僅能令你在商務談判、人際交往中遊刃有餘，在某些特定情況下，一場辯論或演說還可能會決定一國的興亡，甚至能改變整段歷史的走向！

春秋時期墨子聽聞楚國即將進攻宋國，便徒步疾行十日十夜抵達楚國都城，最終說服楚惠王和大發明家魯班，使宋國免遭塗炭。

那麼，今天的我們又該如何做呢？

閱讀可以養氣，氣盈則神清，神清則心明，心明而智慧生。

在競爭愈加激烈的今天，年輕人若能以閱讀去提升口才和語言魅力，對自己的將來必然是大有助益。

聯合國教科文組織的一項調查顯示：

全世界每年閱讀書籍數量排名第一的是猶太人，平均每人一年讀書64本；歐美國家每年每人平均閱讀量約為16本，北歐國家每年每人平均閱讀量達到24本，韓國每年每人平均閱讀量約為11本，法國每年每人平均閱讀量約為8.4本，日本每年每人平均閱讀量約為8.5本。

然而，即使是在這個喧囂浮躁的時代，讀書、聽書仍是許多成功人士的日常習慣。這是因為，閱讀是累積系統性

知識的最快方式,也是利用碎片化時間自我充電的最有效途徑。扎實的知識量能在潛移默化間改變一個人的內涵和氣質,這便如蘇東坡的千古名句「腹有詩書氣自華」。

再來看以下情景:

傍晚時分,天上絢麗的晚霞將西面的江水和天空映成一片,有一隻大雁正張開雙翅飛向遠方。一個飽讀詩書的人見此景象,一定會驚嘆,原來這就叫「落霞與孤鶩齊飛,秋水共長天一色」。若是換一個胸無點墨的人看到了,就只能在驚訝中大叫一聲:「好大的一隻鳥飛起來了!」

在生活中也是一樣,會說話的人總能在公開場合先一步引領話題、占據先機,不會說話的人就只能跟在別人後面亦步亦趨,有時被人耍了也渾然不知。

「讀書,是世界上門檻最低的高貴舉動。」

就像電腦處理不了資料就會當機,人腦處理不了問題也會崩潰。其實,只需少看幾則短影音、少看幾部肥皂劇,每天多讀幾頁好書,便能為我們的人生再添一份光彩、多增一份從容!也正如作家余秋雨的那句話:「閱讀的最大理由是想擺脫平庸,早一天就多一分人生的精彩;遲一天就多一天平庸的困擾。」

融會貫通,才能處變不驚;肚中有貨,方能從容不迫。

如是,何樂而不為?

第八章　有趣：保有童真的生命活力

● 強大的思考力，帶動學以致用的轉換力

孟子曾說：「盡信書，則不如無書。」

但為什麼有些人明明聽過很多道理，就是過不好這一生？就如紙上談兵的趙括、馬謖之輩，每每論及軍事總能頭頭是道，但真到戰場卻又誤國誤身。是因為他們聽的道理、讀的兵書都無用嗎？

顯然不是。

道理若無用，也就不會被人稱作道理；兵書若無用，又豈會成就那麼多名將良才？

實際上，知識、道理都需要在現實中加以應用才能具備價值，而在這個過程中，我們自身對知識的駕馭、對每個道理的融會貫通則是關鍵！就像人們常說「知識就是財富」，果真如此嗎？能將有用的知識變現，知識才等於財富；知識就是力量嗎？透過學到的知識將問題解決，知識才是力量。知識可以改變命運嗎？以知識去提升個人的核心競爭力，知識自然可以改變命運。

怎樣正確駕馭知識的力量？又如何將聽到的道理融會貫通？

我們首先要了解到的一點是：

4. 知識底蘊決定你的語言魅力

　　隨著科技的進步，曾經的某些知識確實是會「超出保固期」的。這時要想驗證、確認某個知識或道理在現實中的有效性，就得用實踐檢驗。

　　一切最終都還需自己去思考領悟。

　　唯有像將原油煉化成石油那樣「煉化知識」，才算是真正將之收歸己用。

　　對一個成年人來說，如何更好地將知識轉化為生產力呢？筆者總結了幾句話，謹作為這一章節的結尾：

　　讀有用書，說暖心話，交良師友；

　　惜有緣人，行四方路，得自在心。

第八章　有趣：保有童真的生命活力

5. 自嘲是化解尷尬的好工具

好的幽默並不只是讓你笑，還讓你哭呢！哭多了眼淚就會貶值，於是乎淚盡則喜，嬉笑之中仍然可以看到作者那莊嚴赤誠的靈魂。

—— 某作家

● 高 EQ 的人遇事都會來點幽默

「君子坦蕩蕩，小人長戚戚。」

一個光明磊落的人，遇事時不會責怪他人，被人責怪時也不屑與之爭辯；一個 EQ 較高的人，對於他人的揶揄不會太較真，因為他們知道一旦較真自己就輸了，因此往往會用幽默化解，這就是了解人性後的豁達、睿智與成熟。

是的，幽默感要以一定的胸懷和 EQ 做支撐，或者也可以這樣認為：幽默本身就是 EQ、胸襟的一種表現形式。

所謂 EQ，並非什麼深不可測的時髦詞彙，在管理學上被稱之為「情緒勝任力」，也就是個體表達和釋放內心情感的能力。

以柔克剛者強，以巧制蠻者勝。

5. 自嘲是化解尷尬的好工具

有時候，我們不得不面對自己並不擅長的複雜社交場合，而越是這類場合，越容易遇到某些不懷好意者的言語冒犯。那怎麼辦？「忍一時越想越氣，吵一頓兩敗俱傷」，顯然「忍」和「吵」都不是最佳選擇。這時候若能以幽默讓對方的攻擊像打在了一團棉花上，透過「四兩撥千斤」的方式去化解，無疑是最佳選項。

需要強調的是，高 EQ 的人，並不會去刻意討好他人或者容忍欺負，而是即使身處混亂的環境，也能保持清醒，繼而以幽默將之輕鬆化解。筆者在授課過程中也遇到過諸如教室斷電、學員找碴等意外情況，每到此時，一個幽默便能勝過千言萬語。

傷人者人恆傷之，辱人者亦將自取其辱。

一個喜歡把虛榮心和成就感建立在貶低別人基礎上的人，何來 EQ 可言？又豈有不翻車之理？

曾有學員問筆者：一個人想要培養幽默感有什麼技巧？筆者個人的五點建議如下：

‧品格正直，不隨意詆毀、攻訐他人。

‧心胸豁達，不對他人的冷嘲熱諷心生怨恨。

‧開得起無傷大雅的玩笑，不輕易對人擺臉色。

‧精神世界富足，有一定的修養。

‧永保童真。

第八章　有趣：保有童真的生命活力

● 勇於自嘲，讓尷尬瞬間消失

網路上流行著一句話 ——「只要你不尷尬，尷尬的就是別人。」

從某種意義上來說，「鈍感力」依靠的正是這種「厚臉皮」的特質，這當然不是教你自欺欺人，兩者有雲泥之別。

窘境是真實存在的，但尷尬與否也只是一種選擇。再進一步說，一些人對我們身處窘境時的嘲笑與惡意也是真實存在的，但那又有什麼關係呢？對於因窘境而引發的嘲笑，無論你的反應是羞愧、惱怒還是從容自若，都只是你做出的一項選擇，絕不是必然的因果。

錢鍾書有一句至理名言：「真正的幽默是能反躬自笑的，它不但對於人生是幽默的看法，它對於幽默本身也是幽默的看法。」

從本質上講，自嘲也是一種幽默，但自嘲比之幽默無疑又有著更高的人生境界！

假如某個情形要靠自嘲才能化解，那形勢一定是到了尷尬不已的時刻，並且，你自嘲的那個點無論曾經讓你多麼痛苦，你現在一定已經釋懷！要知道，你越是不在意什麼，別人也就越無法用其去傷害你，這就像印度詩人泰戈爾（Tagore）在《園丁集》（*The Gardener*）中所說的：「我把我的痛苦說

5. 自嘲是化解尷尬的好工具

得輕鬆、可笑,是因為怕你會這樣做;我粗暴對待我的痛苦,這樣你便不會發現我的弱點。」

自嘲是面對問題的超然,展現的是看淡榮辱的豁達。

儘管如此,我們在按下自嘲按鈕之前還須注意的是:雖然自嘲是有效化解尷尬的良藥,但良藥也要慎服,亦不可多服,如果你因為自嘲有用便想以此去逗眾人開心,那叫沒心沒肺,甚至有可能引發更多人的誤解和攻訐!

自嘲絕不是讓你假裝謙虛,假裝謙虛等於實際虛偽;自嘲也不是刻意自我批評,那有炫耀之嫌,還會不小心誤傷他人;敢自嘲更不是隨意妄自菲薄,那真的會讓自己都看不上自己。

精彩回顧

◎真正的有趣,要能對生活的本質有深刻的理解,去虛榮、戒驕滿、保童真,這樣才能將風趣融進生活中的不同場合。

◎何謂快感?欲望被滿足時所產生的感覺就是快感;何謂快樂?目標實現時所帶來的精神上、心靈上的滿足就是快樂。

◎唯有不斷提升自我、豐富內心、開拓視野,我們才可能獲得真正意義上的永續的快樂!

第八章　有趣：保有童真的生命活力

◎閱讀可以養氣，氣盈則神清，神清則心明，心明而智慧生。

◎雖然自嘲是有效化解尷尬的良藥，但良藥也要慎服，亦不可多服。

第九章
有心：
活出真我與自在人生

第九章　有心：活出真我與自在人生

1. 活出真性情，生命更精彩

我們和朋友在一起，可以脫掉衣服，但上陣要穿甲。

—— 魯迅

永遠不要模仿任何人

在自然界中，有一種很漂亮、並被列為保育類的野生動物，那就是麋鹿。牠還有另一個你更熟悉的名字：四不像。麋鹿的四不像是天生的，有特色的。在人生旅途中，我們也一定要活出自己的特色，不用模仿任何人。

「見賢思齊，見不賢而內自省。」

我們可以向每個人學習，但絕對沒有必要去刻意模仿他人，也不建議盲目崇拜一個人 —— 哪怕你正站在權威的領導者和導師面前，也只需以必要的尊重、敬愛對待即可，盲目崇拜則大可不必！否則在未來的某一時刻，可能會影響你的判斷。

一個人若總活在別人的世界裡，便不會有真正意義上的心靈自由！這是因為：一直崇拜他人的人其實活在偶像的陰影之中，一旦偶像的泡沫破裂，其精神世界的支柱也容易跟著倒塌。

● 每個人都是一道獨一無二的風景

不必羨慕他人，自己亦是風景。

清代詩人顧嗣協曾在〈雜興〉一詩中寫道：「駿馬能歷險，犁田不如牛。堅車能載重，渡河不如舟。」

一個人應該有信仰嗎？應該，但最堅固的信仰首先是使命感，其次就是信自己！一個人喜歡偶像有錯嗎？沒有，但喜歡不等於迷戀！不等於偶像的所作所為都是對的。

事實上，以他人為偶像其實是一種對優秀者某種能力或品格的對標！也就是說，今天向偶像看齊，明天趕上偶像，後天才有可能讓自己也成為後來者的偶像，這才是正確的「追星模式」，也是對「見賢思齊」這句成語的最好詮釋。

在活出真性情的路上，免不了會遭人非議，被人說張揚，但其實，成長就會出醜，出醜也是成長！人生貴在俯仰無愧天地，但求行事於法不違、於理不悖、於情無礙，對他人的褒貶之詞又何須理會？比如，你為自己購置了一身新衣服，會有人說好看，也會有人覺得醜，然而又有什麼關係呢？對你並不會有任何影響。

正如作家余華指出的：「世界上沒有一條道路是重複的，也沒有一個人生是可以代替的。」

每個人的康莊大道，都是自己邊走邊踩而成就的，只要心向光明，早晚會到達理想的彼岸。

第九章　有心：活出真我與自在人生

　　生命如花，理應綻放。這與「低調做人、高調做事」的理念並不矛盾，綻放自己也不意味著事事都要搶別人風頭。比如，當你的身分是伴娘，在妝容、言行等方面當然不能比新娘還出色，不喧賓奪主是尊重他人的基本修養。但假如新郎新娘要你臨場表演一個才藝為婚禮助興呢？你當然不能扭扭捏捏推說不會，而應落落大方欣然應允。

　　實際上，內心芳華「綻放」，不僅能贏得他人的矚目與欣賞，同時也是自己釋放內在情緒的有效途徑。最重要的，「綻放」的選擇是一種全然關注當下的人生態度！哪怕你此生只「綻放」過一回，回首往事之時也足以欣慰地對自己說一句：「我這輩子曾經『綻放』過，人世間來這一趟，值得了。」

　　當然，人到年老也依舊可以綻放自我，人生最美夕陽紅嘛！

　　多年後，當筆者偶然再次翻閱蔡智恆的《第一次的親密接觸》時，其中一些文字所折射出的一個人要堅持活出真我的精神，仍令人不禁動容。

　　我輕輕地舞動著，在擁擠的人群之中，你投射過來異樣的眼神。詫異也好，欣賞也罷，都不曾使我的舞步凌亂。因為令我飛揚的，不是你注視的目光，而是我年輕的心。

2. 實現價值，是人生最幸福

> 生的終止不過一場死亡，死的意義不過在於重生或永眠，死亡不是失去生命，而是走出時間。
>
> ── 余華

● 只要獨立人格還在，人生就不只一種活法

人生是齣大戲，務必本色出演。

你來到這裡到底是為了不辜負別人，還是要無愧於自己？

這是電影《金牌拳手：父仇》(Creed II) 中，拳擊手克德的教練洛基在他上場比賽前向他提出的一個問題。數年前，筆者在觀看這部電影時，對這句蘊含哲理的臺詞印象尤為深刻。

對此，克德的回答是：「我想要無愧於我自己。」是的，也唯有先無愧於自己，才有資格不辜負他人。

人生這齣戲，每個人都可以選擇不同的活法，甚至同一個人也可以擁有多種活法 —— 就像一個優秀演員可以在一部戲中分飾多角一樣。但是，無論你飾演了多少種角色，都

第九章　有心：活出真我與自在人生

唯有先無愧於自己才不會把戲演砸！換言之,「戲中」全情演繹,「戲外」收放自如,入戲＋出戲＝通透人生。

這就必須提到獨立人格了。

未知的前路、善變的人心,都是我們走向通透人生的阻礙。沒有清醒的、強大的獨立人格這盞明燈為指引,迷失自我只不過是時間問題！國家也一樣,當一個國家喪失國格,輕則淪為他國附庸,重則被他國蠶食、吞併;而人一旦缺失獨立人格,整個人將會形同提線木偶,任他人擺布,甚至有可能影響整個國家。就像老舍在長篇小說《貓城記》中所說的:「國民若失去了人格,則國便慢慢失去了國格。」

在「孔子問禮」中,老子對孔子說:「天地無人推而自行,日月無人燃而自明,星辰無人列而自序,禽獸無人造而自生。」每個人,最終也都必須靠自己的雙腳去走完這一生。

也因此,明白此生奔走之終極目的,在不同場景中演好每一個角色,就是對「做最好的自己」這句話的最好詮釋！以此行事,則每一種活法都能達到稻盛和夫倡導的「不要有感性煩惱」的人生境界。所謂「條條大路通羅馬」,當你用自己的活法見到了心中的羅馬,也就自然來到了馬斯洛(Abraham Maslow)在「需求層次理論」中的最高層,即「自我價值實現」。

是的,一個在時代的大浪潮下依然不失去獨立人格的人,不但能實現自我價值,而且會倍感自在。

● 心不迷失才能做出最佳選擇

「人生是個累積的過程，你總會有摔倒，即使跌倒了，你也要懂得抓一把沙子在手裡。」

一位 IT 公司創始人在多年前說的這句話，至今仍被許多年輕人奉為勵志經典。

只是，少有人去深入思考的是：「沙」究竟是什麼？「抓沙」的意義又是什麼？一個被命運按在地上反覆摩擦的人自顧尚且不暇，又如何、為何要去抓起看似無關前途的「沙」？這其實是向每個人提出的一個深刻的命題：在人生不同的境遇中，我們能為自己做出的最佳選擇是什麼？

越在艱難處，越是修心時。

一如愛迪生的名言：「無論什麼時候，不管遇到什麼情況，我絕不允許自己有一點點灰心喪氣。」

在前文中，我們也曾指出：「一個人只要還沒有在欲望的侵蝕下迷失本心，就仍有選擇權！」哪怕是身處逆境甚至是絕境中，我們手中也依然握有兩個選項──要麼沉淪，要麼奮起──沉淪者從此隨波逐流，奮起者領悟人生。這就是為什麼古今中外許多有才且忠貞不屈的人，都能在最失意的至暗時刻創作出傳誦千古的名篇絕唱，而這些正是他們摔倒後「抓起的沙」。

第九章　有心：活出真我與自在人生

　　人若迷失，早晚會步入歧途；心若失去歸宿，這世界對他來說也只是更大的牢獄。

　　來看處於同一時代的兩位著名歷史人物：王陽明與唐伯虎。

　　西元 1499 年，在府試、鄉試中均名列第一且作為四大才子之首的唐伯虎，在赴京參加會試時因「洩題案」受到牽連，不僅被剝奪功名，還一度身陷大獄，最後被下放到縣衙當小吏。

　　也是在這一年，27 歲的王陽明第三次赴京會試中了進士。但在西元 1506 年，王陽明因觸怒劉瑾，被杖責 40，並被發配到貴州龍場當驛丞，其間還以跳水假死才躲過追殺。

　　同樣才華橫溢，同樣經歷了至暗時刻，唐伯虎之後的人生卻與王陽明有天壤之別！

　　歸家後的唐伯虎消極頹廢，築「桃花塢」以自娛。在夫妻反目後，唐伯虎更是玩世不恭、遊戲人生，從此一蹶不振！西元 1524 年，唐伯虎在窮困潦倒中病逝，臨終前留給世人的四句絕筆詩是：「生在陽間有散場，死歸地府又何妨。陽間地府俱相似，只當漂流在異鄉。」5 年後，王陽明也因病而逝，他在彌留之際仍用最後一絲力氣為後世留下極具教誨意義的兩句遺言：「此心光明，亦復何言。」

2. 實現價值,是人生最幸福

　　筆者無意對古人不敬,只為論證這樣一個值得深思的真相:生活有權賦予我們任何經歷,但我們也有權為每一段人生經歷做出最佳的選擇。

　　心之所向,便是遠方;此心不衰,終可到達。

第九章 有心:活出真我與自在人生

3. 發願利眾,是快樂的根本

> 我的心裡懷有一個願望,這是沒有人知道的:我願每個人都有住房,每張口都有飽飯,每個心都得到溫暖。我想擦乾每個人的眼淚,不再讓任何人拉掉別人的一根頭髮。
>
> —— 巴金

人活一世,草木一秋。

正如吃飯是為了活著,但活著卻絕不是為了吃飯!選擇不同,人生便也不同。通往幸福的路徑在哪裡?謀道還是謀食?憂道還是憂貧?這是每一個有識之士都無法迴避的重大選擇。

很多人開玩笑時可能有過類似言論:

全球有幾十億人,只要每個人給我一塊錢,那我不就立刻成為億萬富翁了嗎?即使每個人只給我一分錢,我也輕輕鬆鬆是個千萬富翁啊!

從理論上來說,確實如此,並且每個人給你一分錢,他們幾乎也沒什麼損失,貌似沒什麼問題。真正的問題其實只有一個:憑什麼?

愛一個人需要理由嗎?或許不需要,但為一個人出錢,

3. 發願利眾，是快樂的根本

就一定要有一個正當、合適的理由。

既然如此，我們不妨試著換一種思維：

全球有幾十億人，有那麼多人需要幫助，要是我能用自己的所學和專長去幫助一些人成長，那我的生命該多有價值？即使每次只能幫助一個人，我也不枉此生啊！

以青春之名，立青春之志願。

某大學一位教授在一次大學生講座中說過這樣一段話：「作為年輕人，如果你總覺得個人的發展不夠好，應該多問問自己有顆什麼心，有沒有真正持之以恆去追求一件事，有沒有把自己的胸懷和格局打開，有沒有念茲在茲都在想我能為國家做點什麼事……」

只要你立下某個有益眾人的志願，就能幫助更多人成長，也就有更多人去成就你的成就！一如越具有使命感的企業家就越具有領導魅力，因為只有這樣的領導者能讓員工把公司當平臺、把工作當事業，企業家則把團隊視為夥伴。這便是范蠡的老師文子在《通玄真經》中指出的：「聖人之心，日夜不忘乎欲利人，其澤之所及亦遠矣。」

在電影《葉問3》中，葉問也有一段引用莊子的名臺詞：「『時勢為天子，未必貴也；窮為匹夫，未必賤也。』這個世界不是有錢人的世界，也不是有權人的世界，而是有心人的世界。」

第九章　有心：活出真我與自在人生

從聖人對「道」的追求來說，人生大致要經歷 5 個階段，即問道、學道、悟道、得道、傳道；而從普通人立下志願的角度來看，則可以分為立願、行願、還願三個階段，筆者將其稱為「有願三連法」（見圖 9-1）。

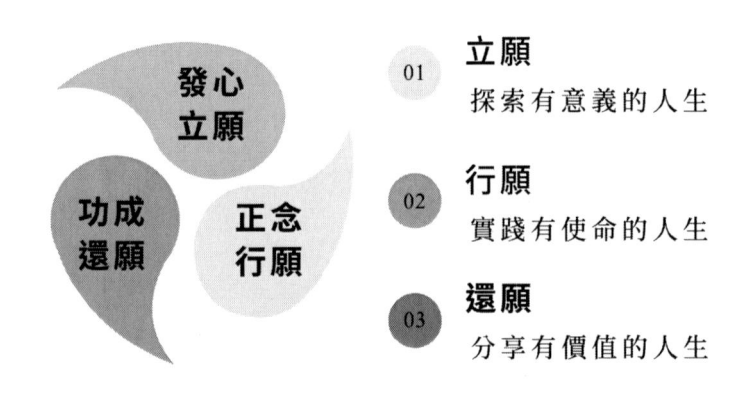

發心立願　　01　立願　探索有意義的人生

功成還願　正念行願　02　行願　實踐有使命的人生

03　還願　分享有價值的人生

圖 9-1 有願三連法

當你選擇了自己最擅長並喜歡的工作，同時又能幫助他人，則人生的根本幸福，莫過於此。

精彩回顧

◎無論你飾演了多少種角色，都唯有先無愧於自己才不會把戲演砸！換言之，「戲中」全情演繹，「戲外」收放自如，入戲＋出戲＝通透人生。

3. 發願利眾,是快樂的根本

◎明確此生奔走之終極目的,在不同情景中演好每一個角色,就是對「做最好的自己」這句話的最好詮釋!

◎一個人只要還沒有在欲望的侵蝕下迷失本心,就仍有選擇權。

◎生活有權賦予我們任何經歷,但我們也有權為每一段人生經歷做出最佳的選擇。

◎只要你立下某個有益眾人的志願,就能幫助更多人成長,也就有更多人去成就你的成就。

第九章　有心：活出真我與自在人生

寄語　匠心成就人格魅力

唯匠心能鑄就品質

非極致不能成就品牌

十年樹木，百年樹人

人才策略是企業第一策略

生命不止

奮鬥不息

唯有不怨不悔

方能無憾無愧

誰，是世上最可敬的人

常存利他愛人之發心

實踐使命必達之志願

誰，是世上最可佩的人

千磨萬擊，依然堅韌

風雨兼程，永守初心

誰，是世上最可親的人

別人將辛苦看作付出

寄語　匠心成就人格魅力

他們把付出視為成長

誰，是世上最可愛的人

他們將複雜枯燥交由自己

只為把簡單方便帶給他人

他們無愧於人間正道的守護者

以尊嚴守護誓言

用責任托起信任

他們就活在你我身邊

深悟生命就應綻放

深知青春就要打拚

成就社會價值與個人價值的雙贏夢想

就是他們最大的夢想

這是他們一生認準的使命

也是他們畢生驕傲的榮幸

　——他們是誰

他們就是以持之以恆的匠心精神

在書寫自己人格魅力的每一位讀者朋友……

後記

蒼穹廣袤，星空浩渺。

夜深人靜之際，每當仰望那遙遠的星空，筆者心頭總會湧起一股難言的思緒。

人類之於宇宙，是如此的渺小——即使是這顆我們賴以生存的地球家園，一個人此生所能留下的痕跡、遇見的風景以及所學得的學識，都不過是一粒塵埃。

那麼，在這短暫且珍貴的有限光陰裡，作為一個人、一個普通人，又應以怎樣的狀態走完這一生？

答案是好好活著。

每個人都應當有尊嚴、有價值地好好活著。這既是我們生存的權利，更是生命存在的意義。而這也是筆者喜歡仰望星空的原因之一，不僅能驅走驕狂的浮躁，也能給予人靈魂的洗滌。有時我甚至會想：當我仰望夜空之時，在某顆星球上會不會有一道目光也正在遙望著我？

現實不是科幻電影，我們沒法穿越空間，但有一樣東西，卻能無障礙地在一瞬間跨越時空。

是的，那正是每個人的思想。

後記

魔法可以打敗魔法，思想也正在影響思想。

當前社會，正能量比以往任何時候都更需要弘揚，「善知識」比過往任何時刻都更需要分享！這是因為，身處這滾滾的時代浪潮之中，當欲望、誘惑等一股腦地向我們撲來時，無論是那些自詡「久經戰陣」的長者，還是剛入社會的新人，都難以輕言能時時守住本心，更何況許多涉世未深的年輕人以及尚在象牙塔內的莘莘學子。他們質樸的本心在這個滿是招式的現實撕扯下又能抵擋多久？

2007年，世界前首富比爾蓋茲（Bill Gates）在亞洲論壇上分享了一段話：「今後無論出生在什麼樣的國家和家庭將不再重要，重要的是他受到了什麼樣的教育，因為地球一直是圓的，但未來的世界是平的。」

一念至此，越發感佩梁啟超先生的真知灼見：「少年強則國強，少年智則國智」—— 而作為一名立志終生從事教育培訓工作的教育工作者，還有什麼比著書立說更適合播種正能量、傳承善知識呢？

集腋成裘，聚沙成塔。

曾有不只一個朋友問我：你這一本本書都是怎麼寫成的？你哪來那麼多靈感？整日埋首文字間你的大腦不會疲倦嗎？

相較於那些始終不忘初心的優秀企業家、一個個英勇無畏的消防戰士……一頭栽進知識的海洋中所損耗的腦細胞，

可真稱得上「小巫見大巫」，甚至是一種幸運了。

說幸運，還因為在這一章章、一節節的寫作過程中，絞盡腦汁的筆者還得到了許多前輩、良師的鼎力支持。

可以說，若無他們早在撰稿之初就給予的鼓勵，這本書絕不會如此順利問世。更可貴的是，有幾位良師，筆者至今尚未見過一面。早已經功成名就、財富自由的他們僅因與筆者所述觀點不謀而合，便欣然提筆為本書寫推薦語，他們那深嵌人格之中的慷慨及樸素大愛，都給了筆者莫大的鼓舞、信心與力量。

同時，我要特別感謝本書的出版合作夥伴，本書從選題、排版直到封面定稿，他們都給予了相當專業的見解，令人印象深刻。

緣落緣起，猶如花謝花開；冥冥中，總有一些人在我們前路的某個地方等待著與我們相遇。

曾經的年少輕狂，讓筆者亦曾繞了不少遠路，幸而，這一路走來總有許多在順境中肝膽相照、在逆境中也依然信任如常的企業家朋友，相當程度上，本書這 9 項修練正是從他們身上散發著光輝的特質中轉化而來！在此一併致謝。

以及為本書間接提供支持或建議的一群老友。

此外，還要合掌感恩香海禪寺師父的慈悲喜捨，在筆者中途寫作靈感幾近枯竭的緊要之時，正是藉助香海道場的清

後記

淨莊嚴才重新恢復了寫作。

篇幅所限，應當致謝名單未能一一盡述之，乞見諒。

我深知，唯有在餘生將這些前輩良師的人格魅力與大愛精神廣為傳播，才算不負他們至珍的信任和期許！是以，特在落筆之際鄭重發願：在未來 10 年內，筆者將以本書為媒，完成 1,000 場公益巡迴演講，亦請廣大讀者和朋友們監督。

書不盡言，同道同行，此心永勉。

季長瑜、喬思遠

推薦語

楊順發

　　作為人格魅力的集中展現，吸引力在職場和生活中的各個層面都發揮著重要作用。本書呈現的既是一個人閃耀的精神特質，也是自我修練之路的精華，值得我們每個人分享。

王賢福

　　能夠吸引我們的東西有很多，但大多數只能吸引我們一時，唯有人格層面的吸引能夠持久。與具有人格魅力的人來往如飲美酒，回味無窮。從古至今，內聖才能外王，修己而後達人，這本書細細品讀，必能受益。

徐國儉

　　西方管理學認為領導力源於兩個方面：一是專業能力，二是人格魅力。沒有日積月累的修練，人格魅力就不會成為人格的一部分。這本書在闡述修練人格魅力的 9 個面向時引用了大量實用的案例，值得細讀。

推薦語

咚咚老師

　　這本書真實且完整地展現了身處現代都市中，每個人應如何實踐修心、處世、成才的方法，能對成長路上的年輕人給予方向指引，避免其沉迷在狹隘的自我認知惡性循環中不能自拔。

袁貴華

　　每個人都可以透過學習、訓練提升人格魅力。本書從9個面向系統性地闡述了如何成就人格魅力，是一本求真務實、值得細品的好書，建議團隊成員在閱讀後相互分享與討論。

戴國華

　　身處充滿誘惑與未知的人生路上，是什麼在一路陪伴我們、守護我們？人格魅力綻放的光芒猶如一盞指路明燈，指引著我們走向康莊大道，這也正是本書的精華。

郭連濤

　　吸引力是幫助職場人登上人生巔峰的第一力。本書從9個方面闡述了普通人如何獲得吸引他人的魅力，並透過典故、企業家故事等加以佐證。靜讀細思，定能收穫魅力人生。

楊福香

對職場人士而言,最珍貴的內在財富當屬人格魅力。不論其謀求的是升遷、加薪,還是安穩度日,有魅力的人總能比同行者更容易實現心中所想。如何讓自己更具吸引力?答案盡在本書中。

國家圖書館出版品預行編目資料

吸引力，9 種人格魅力讓人對你上癮：情緒可預測 × 表達有磁性 × 態度有選擇，這才是人格吸引力的底層邏輯！/ 季長瑜，喬思遠 著. -- 第一版. -- 臺北市：樂律文化事業有限公司，2025.07
面； 公分
POD 版
ISBN 978-626-7699-53-9(平裝)
1.CST: 成功法 2.CST: 人格特質
177.2　　　　　　　　114009793

吸引力，9 種人格魅力讓人對你上癮：情緒可預測 × 表達有磁性 × 態度有選擇，這才是人格吸引力的底層邏輯！

作　　者：季長瑜，喬思遠
發 行 人：黃振庭
出 版 者：樂律文化事業有限公司
發 行 者：崧博出版事業有限公司
E - m a i l：sonbookservice@gmail.com
粉 絲 頁：https://www.facebook.com/sonbookss/
網　　址：https://sonbook.net/
地　　址：台北市中正區重慶南路一段 61 號 8 樓
8F., No.61, Sec. 1, Chongqing S. Rd., Zhongzheng Dist., Taipei City 100, Taiwan
電　　話：(02) 2370-3310　傳　　真：(02) 2388-1990
印　　刷：京峯數位服務有限公司
律師顧問：廣華律師事務所 張珮琦律師

-版權聲明-

本書版權為盛世所有授權樂律文化事業有限公司獨家發行繁體字版電子書及紙本書。若有其他相關權利及授權需求請與本公司聯繫。

未經書面許可，不可複製、發行。

定　　價：350 元
發行日期：2025 年 07 月第一版
◎本書以 POD 印製